热销

SELLING

从"智造"到"智销"

FROM INTELLIGENT MANUFACTURING TO INTELLIGENT MARKETING

吴斌 ⊙ 著

北京大学出版社
PEKING UNIVERSITY PRESS

图书在版编目(CIP)数据

热销:从"智造"到"智销"/吴斌著. —北京:北京大学出版社,2015.12
ISBN 978-7-301-26673-1

Ⅰ. ①热… Ⅱ. ①吴… Ⅲ. ①制造工业—工业企业管理—市场营销学—研究—中国 Ⅳ. ①F426.4

中国版本图书馆 CIP 数据核字(2015)第 309393 号

书　　名	热销——从"智造"到"智销"
	Rexiao
著作责任者	吴　斌　著
责 任 编 辑	朱梅全
标 准 书 号	ISBN 978-7-301-26673-1
出 版 发 行	北京大学出版社
地　　址	北京市海淀区成府路 205 号　100871
网　　址	http://www.pup.cn
电 子 信 箱	sdyy_2005@126.com
新 浪 微 博	@北京大学出版社
电　　话	邮购部 62752015　发行部 62750672
	编辑部 021-62071998
印 刷 者	北京大学印刷厂
经 销 者	新华书店
	880 毫米×1230 毫米　A5　6.75 印张　109 千字
	2015 年 12 月第 1 版　2015 年 12 月第 1 次印刷
定　　价	29.00 元

未经许可,不得以任何方式复制或抄袭本书之部分或全部内容。
版权所有,侵权必究
举报电话:010-62752024　电子信箱:fd@pup.pku.edu.cn
图书如有印装质量问题,请与出版部联系,电话:010-62756370

序

20世纪80年代末90年代初,我曾经为中外各类企业做过好几年的营销培训。当时热衷于此,主要是出于对营销这个职业的敬意和喜爱,总觉得营销是企业的一个窗口、一条命脉,营销管理者就如同卫国戍边的封疆大吏,他必须具备多重的知识,也必须具备足够的情商,正所谓"将者,智、信、仁、勇、严也"。营销不仅要求营销管理者与销售员熟知企业特性、产品特性,还要随时随地维护企业产品的信誉;同时,营销管理者与销售员还必须适应变幻莫测的环境变化,要准备随时随地在职权范围内调整各种营销政策和策略。

经过那一段培训工作,我积累了不少资料和案例,原本想写一本营销的教材,但是,因为事务繁杂,总是静不下心来,因此,始终没有将那些曾经的资料转化为一本可以读读的书籍。这也算是如今的一件遗憾之事。好在这件遗憾的事情即将成为过去。因为大家现在看到的这本有关营销的书籍,是我的一位MBA学员在毕业之后撰写的。这位学员在走出校园之后，做过职员，也干过公务员，最终在一家跨国公司找到了自己的位置——营销总监，随后又在我校的 MBA 中心完成了硕士学业。他从基础做起，勤于学习，善于思考，逐渐地把握住了营销的精髓，并将那些要义转化为管理的信条，在营销总监的这个位置上干得有声有色，颇得企业的赏识。自 2014 年硕士毕业之后，他开始动笔将那些营销的事儿（心得与经验）记录在案，这是一件好事，特别是在消费者行为在各种外部刺激之下无所适从的时代，一本既有理性说道又有经验描述，既有理论引用又有实例证明的可以一读的、营销总监写出来的营销书籍是会引起共鸣的，也会让读者有所受益。尤其需要指出的是，对一位常年坚守在营销管理岗位上的业务经理来说，要完成这本书的写作是一次不小的挑战，可敬的是，作者经受住了这个挑战。

  对于这本书，我们看到有三个特点：其一是理性中的实战性，作者通过理论的引用，将营销实战中的那些点点滴滴纳入了理性的范畴，为各类实战者们创造的营销方式赋予了理论的说明，这点在本书中的各章节都有体现，反过来也证明了作者的用心良苦。其二，本书的用词用句新颖明了，让读者感到情真意切而少了些读书的距离感，这与作者长期从事营销管理的职务是分不开的。其

序

三,本书用了较多的篇幅在理论说明中融入了与营销有关的知识,如会计、管理、物流以及计量模型等等,将那些常常让人们"羡慕嫉妒恨",同时又有点内心瞧不起的销售员工作引导进入了有那么点"高大上"的味道,显然,这点来源于作者自身的素养和对营销这份工作的热爱与关注。

我一直认为,书是给人读的,让人读得顺畅、读得愉快,读得有感觉、读得有兴趣、读得有收获是写作人努力实现的目标。客观地说,这本书达到了这个效果。

应本书作者要求而作此序,实在是有点不敢当,因为一来已经多年不搞营销问题的研究和培训了,二来现在的时代也早已经不是当年我从事营销培训的那个时代了:互联网、大数据、LBS 以及各种 APP 的沟通手段都在猛烈地冲击着人们的传统观念和方法,颠覆着我们原有的生活和工作的格局,在此环境中,营销理念要变革,营销方法要调整,营销的目标更要适应新时代企业的战略需求。希望本书能提供一种思想火花,给读者以启迪。

魏农建

上海对外经贸大学工商管理学院院长

上海市市场学会副会长

上海市价格协会副会长

2015 年 11 月 18 日

前　言

很多年以来，我一直在思考一个问题，就是制造业企业同零售消费类企业的营销相比，到底区别在哪里？它们和客户沟通的手段和思维方式有哪些不同？

后来我发现了区别它们的一个很有趣的规律，这就是，左脑支配着制造业企业的营销思维，右脑支配着零售消费类企业的营销思路。

很多人都去过迪士尼乐园，在检票门口，你会发现，迪士尼有一个长长的长廊，两边有很多店，里面卖一些迪士尼的小商品。如果你下一次再去，请你认真看一下，在那条长廊上面有300个喷头，它们都在喷一个味道，就是焦糖爆米花的味道，这种味道容易让人回想起童年的感觉。这种感觉又跟迪士尼这个品牌关联起来。

这就是很典型的消费类营销思路，依靠视觉、听觉、嗅觉、味觉和触觉，将营销延伸到客户端。生活中我们还会经常遇到以上类似的营销手段，比如我们见到红色罐装饮料自然就会想到可口可乐，而蓝色的就会联想到百事可乐。纪录片《舌尖上的中国》没有让我们闻到味道，也没有让我们吃到东西，但是你看这个节目的时候，心里面产生的感触会是什么？我听说有很多人会马上准备下厨房做想吃的东西。

这种手段制造业企业往往用不上，这是因为消费类产品大多是B2C，它面对的消费场景往往是非理性的，容易接受心理暗示，在这种场景下消费者所作出的决定更多的是感性因素，用右脑思考。制造业企业是专家购买，大多是B2B模式，购买者讲究程序，量化各种购买指标进行比对，在此场景下消费者通常用左脑作出较理性的购买决策。

营销是一个很复杂的系统活动。过去我们提到营销，满脑子可能会出现一个能说会道的忽悠能手和客户觥筹交错的场景，或是一个说着南方口音、声嘶力竭的侯经理形象。其实，营销工作需要有极强的处理复杂事务的能力，能面对来自客户、公司和竞争对手各方面的压力。

那么，到底什么是营销？传统营销理念如今应该怎么适应当代产业转型？营销管理怎么做？长时间以来众说纷纭，见仁见智，也好像形成了一个固定思维，好像营销说的就是怎么卖东西，于是营销就是策划，营销就是广告,营销就是夺人眼球的文案,而营销管理就是下达指标,奖金提成分配……

其实,这些都只是营销大海之中的涓流之滴。开展各种营销活动面对的产品不同,因而有着复杂的营销环境和场景作支撑,因此,其手段和管理方法一定千差万别。于是有人将营销产品分了一下类别,提出了"工业品营销"的概念,并围绕这一细分对象进行了一系列的营销手段和管理识别。但是,"工业品"这个名词好像特定对象很不清晰,学术上也没有工业产品这一分类。什么是工业品?任何商品其实都是工业化组织下的产品,追求小众偏好的手工产品占营销比例很小,事实上有哪样东西不是工业化的结果呢?

笔者以为,有关营销手段和管理的讨论应该从它的组织生产活动的体系中,从产品的流通特性中去寻找规律,而不是从它的产品表象特征去寻找,如果是后者,那么我们必将陷入无法识别研究对象的泥潭,因为现实商品社会中的产品特征不是能细分出个1、2、3来让我们讨论的,我们面对的是商品的汪洋大海,而组织生产和流通活动的方法是有规律的,并且营销活动本身就是生产活动的一个重要环节,是现代供应链中的灵魂。

在商品社会漫长的发展史上,营销真正成为一门系统学科也不过近百年的历史。在这近百年里，我们对营销的认知从产品导向的 4P 到客户导向的 4C，再到以竞争为导向的 4R，虽然后来经各种学说、各种理论板块演变成百花齐放的 4S、4V 理论等等，但到最后，面对当代技术手段将很多理论变成了一种趋势时，各种脑洞大开的营销手段、技术、渠道、载体，使得我们不得不反思这些先哲的经典。

客户重要还是产品重要？竞争力重要还是创新力重要？市场重要还是管理重要？所有的问题似乎不是那么可以简单答复的。在现代社会背景下，市场、信息、产品、资金等各种交换元素的组合多变，B2B、B2C、P2P、O2O 等公司组织运营的条件又错综复杂，你很难用一种理论去应对所有的变化。

中国道家先哲喜欢谈论"以不变应万变"，大概的意思是，不管你的对手出什么招，总是只守不攻，逐步逼迫，最终迫使对手屈服。但我们往往忽略了话的后半部分，道家还说过，要"以万变应万变"，这句话本意就是进攻永远是最好的防守。

那么问题来了：营销管理怎么管？把销售员当贼管？把销售员当朋友交往？管好销售员就好了吗？哪些指标判断一个销售员的好坏？营销过程中要控制哪些数据？

客户是什么？管理者是否要时刻转变角色？

目前营销管理还没有形成一个独立的学科，只是安于企业管理的一个角落。实际上，营销管理之重要，在一个销售驱动的企业体系里，营销活动就是一个管理主线，用这根主线，可以把麻辣辣的整串企业管理模块给提溜起来，从而烹饪出外酥内嫩、香气逼人的串串香。把营销管理放在整个工厂运营的主线，这就是基于供应链管理的现代企业管理概念。

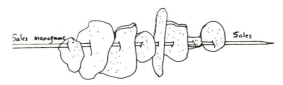

图1

目录
CONTENTS

第1章 运营模式影响营销模式
1.1 不同运营模式的差异//007
1.2 营销活动因运营模式而变//011

第2章 销售驱动是根本
2.1 几种不同的驱动方式//025
2.2 为什么要销售驱动？//027
2.3 好的组织结构是成功的一半//034

第3章 客户
3.1 客户是什么？//040
3.2 购买倾向和客户满意度//045
3.3 客户份额分析//054
3.4 性价比//062

热销
SELLING

3.5　客户感知价值//065

3.6　供应链上客户的生命周期//070

第4章　怎样做好"头狼"

4.1　销售目标//081

4.2　月销售计划的制订和回顾//083

4.3　销售异动//090

4.4　费效比的分析和控制//094

4.5　客户拜访//100

4.6　突破业务平衡点//103

4.7　营销流程再造//109

4.8　业务进度甘特图//116

4.9　销售员的关键能力指标KCI//118

4.10　团队管理的跟车法则//122

4.11　团队激励//127

第5章　亲兄弟一定要算好账

5.1　KPI盲区分析和改进//138

5.2　销售预测//143

5.3　准时发货控制//159

5.4　投诉分析//163

目录

第6章 "超预期"必胜法则

6.1 加纳模型 //167

6.2 超预期是最好的促销 //174

第7章 业务安全和信用评估体系

7.1 信用额度和拖欠忍耐力的计算方法 //186

7.2 应收账款的处置及催讨 //191

第8章 做个胜任的"爬梯者"

第1章
运营模式影响营销模式

SELLING

如今我们谈营销，好像不提一提互联网思维、电子商务等，都不好意思往下讲，从淘宝天猫到线上线下体验，从微信平台到 APP 应用，仔细想想其实基本都是在讲 B2C、C2C 业务，只有阿里巴巴（1688.com）还在关注 B2B 业务，当下的诸多心灵鸡汤般的营销案例，无不涉及 B2C 或 C2C。除了私人订制业务外，几乎 95% 的 B2C 业务运营都属于 MTS（Make to Stock，即按库存生产），还有一小部分属于 ATO（Assemble to Order，即按订单装配），也就是在向客户最终交货前，才组装成产品交付，比如，涂料店并没有色卡上所有颜色的备货，只有底漆和颜料，在交付客户前按照配比调色才是生产的最后完成。

阿里巴巴 1688 是淘宝的"妈妈"、天猫的"姥姥"，可是阿里一个月的流量不及淘宝天猫一天的流量，其背后两个不同的业务模式决定了营销模式的不同。

OEM（Original Equipment Manufacturer，即原始设备制

造商)生产是典型的 MTO(Make to Order,即按订单生产)框架下的 B2B 运营模式,是指品牌生产者不直接生产产品,而是利用自己掌握的关键的核心技术负责设计和开发新产品,控制销售渠道,具体的加工任务通过下订单的方式委托同类产品的其他厂家来完成。OEM 生产的特征是:技术在外,资本在外,市场在外,只有生产在内。

在现实的制造业背景下,一般存在着三种运营模式(MTO、MTS 和 MTS/MTO 混合模式),这三种模式都有其适应的范围、不同的产品特征、不同的行业生态。经营者所处的供应链位置决定了生产组织者的运营模式。营销管理是整个供应链中最主导的一环,不同的运营模式会深刻影响营销模式。

为什么说运营模式影响了营销模式呢?

我们把三种模式做个比喻,MTS 模式更像市场经济,经营者从资金、规模生产和市场占有考虑,决定做什么产品,计算产品生命周期,组织资金备库存,组织新产品开发,制定营销战略。这个模式更关注外部市场对企业经营方向的影响,营销管理受生产运营的约束相对较少,因此,营销的挪腾空间更大,手段更灵活,而且现有的库存比较确定,由此营销管理的关注点更明确。其存在的问题是决策判断的错误会给企业带来大库存和现金流短缺，企业经营的调整滞后且回旋余地不大。

MTO模式更像计划经济，销售部门根据客户的需要，向生产部门提交预测，下达"订单"；生产部门根据"预测"和"订单"，购置材料，组织生产，交付合格产品；技术部门负责提供技术支持和保障并监督生产过程；资金管理部门负责提供所需的资金和相关流通操作，负责成本、利润的核算和考核，同时监督资金的使用。这个模式更关注内部运营对企业的影响，看起来可以更好地提高资金利用率，减少库存，提高运营效率，但受制于订单管理在先，运营管理是为订单服务的，因此强调事先预测，事先计划。其存在的主要问题是各个环节的衔接刚性较强，灵活性不够，同时订单有其不确定性，由此可能会导致营销管理同时受外部市场和内部运营约束而产生问题。

MTS/MTO混合模式更像现今的中国，即混合经济并存，既有市场经济的形态，也保留有计划经济的影子；既有体制内的实体，也有和世界主要经济体接轨的现代资本形态。各个模式在一个体系下各显身手，似乎可以解决前面两种模式可能产生的问题，但要协调好各自的关系，掌握各自的权重比例和在产品线中的地位就变得尤其重要，否则可能会顾此失彼。

由此看来，充分发挥销售的驱动作用来调和运营体系的矛盾尤为重要，因此，我们谈营销管理，不能单一地看问题，也不能简单地套用管理理论。我们既要看到制造业区别于商业零售、金融、信息产业等等其他多种行业形态的营销特点，也要看到不同运营模式下的制造业有与其相适应的营销管理模式。

可以说，制造业需要应对相对其他行业产品而言更为复杂的营销环境。

第一，对下游行业客户的依存度大，价格谈判能力低。制造企业大多为加工型企业，往往产品附加值小，其产品线也比较单一。另外，由于是B2B业务，因而下游行业客户相对B2C、C2C来说数量较少，但采购数量大，因此对制造商的产品结构、质量控制、性能要求上有更多的话语权。

第二，对上游采购环节的价格敏感性高，抗风险能力低。这对于原材料是资源性产品的制造企业更为明显，资源性原材料的微小涨幅或跌幅就会对所生产产品的价格产生巨大的影响。同时，资源性原材料的价格受市场环境、自然环境、国际政治局势、资本市场变化、技术更新换代等原因的影响会不断波动，这是制造商无法掌控和精准预测的。

第三，处于具备资源性优势地区的制造商，由于产业群集，技术相似，因此产品同质化严重，市场开拓的隐形成本增高。处于不具备资源性优势地区的制造商，它的产品则会面临更多的各类产品成本增加和市场推广等方面的压力，所担负的市场风险更大。

第四，制造业产品有着不同于消费品的特殊属性，它并不具备消费类产品特有的功能特性，因此不符合消费类产品对产品和品牌情感属性的要求。

正是由于制造业有这些特点，它的营销手段、营销管理手段也就需要与传统认为的消费品及其他服务产业产品等有所区别，应该给予更适合的营销管理理论、方法和工具。

1.1 不同运营模式的差异

MTO 就是按单生产，即根据客户的订单及客户原先的设计，制造客户所需的产品。这样可以完全依据客户的特殊要求制造其所需产品，且可将存货降至最低。

MTS 是相对 MTO 而言的，MTS 是指按库存生产，又称为现货生产，通过成品库存随时满足用户需求，产品在接到订单之前就已经生产出来，客户订单上的产品可以

热销
SELLING

随时从仓库里取到。

制造业企业选择怎样的运营模式非常重要,在选择了运营模式后,寻找匹配的营销管理模式也很重要。我们先来讲讲选择运营模式的要点,可能会帮助我们理解与之相匹配的营销管理模式。

(1) MTS 按照预测市场容量和企业市场占有策略,来创建生产计划和库存计划,并组织生产。在库存和相符的生产预期能力下,发货可以不受时间等诸多条件的苛刻限制。生产的成品或者半成品在 ERP 系统中建有 BOM(Bill of Material,即物料清单),销售体现在系统中的是直接减少库存。而 MTO 只有在接收到客户销售订单的情况下,才可以在系统中生成原材料采购计划、生产订单等指令,并且生产入库后,是特定的销售订单库存,创建交货单及外向发货时,必须有相对应的销售订单。

(2) MTO 情况下,定制化的产品会产生很多额外的成本,如设计及研发成本、特定的模具费用、作业等候及切换成本,以及由于定制数量的原因而未能达到规模生产的额外生产及采购成本,这些都是在实施 MTO 运营模式前需要考虑的。这些成本最终是否能被证明可以体现出其应有的价值?客户是否也愿意为实现这些价值而去承担这些成本?比如大众公司向宝钢订购一批汽车用

第 1 章
运营模式影响营销模式

钢,这一定制是否需要一个再研发过程? 有哪些元素含量需要添加? 轧钢是否要开发新的模具? 如果以上问题的答案都是"需要",这个成本是否能够转移到客户身上? 如果不能,该怎么办? 满足这些条件,你才可以考虑用 MTO 模式来操作。

(3) 由于 MTO 是"期货", MTS 是"现货",两者的交货效率注定不能同日而语,因此如果非要实行 MTO,问题的关键就是客户是否能忍受你的作业等待期,或者说你的加工周期能否跑赢市场变化周期。这是一种风险,因为从你决定开始 MTO 的那一刻起,很多未知的变数就开始埋下一个个潜在的交易风险,比如原材料现时采购价格对未来交货期价格的波动风险,由于各类不可控因素而可能产生的延迟交货风险,以及设备和技术等原因而产生的质量风险……这些很大程度上造成了你和竞争对手有时不仅仅有血淋淋的价格搏杀,还涉及你们整个体系反应速度的比拼,这其中营销对运营的驱动作用就表现得淋漓尽致了。

(4) 采购客户与你签订了订单,不光意味着这笔业务给你将来的收益增加了多少预期,同时也意味着明确了各自风险承担的界限,如果未来市场上原材料波动非常大,或者说材料需要较高的库存维护成本,那么选择

MTO方式对采购者和制造供应商都会有一定的市场风险。一旦确定了价格,库存贬值或升值的风险责任也就明确了。

(5)实践证明,模块化产品可能是将来制造业的发展方向,因为它比较适合进行MTO组织个性化制造的运营生产,工业4.0也明确提出了这个想法,它甚至超越了现有的柔性生产技术而被工业4.0看好,模块化产品能更好地在未来工业大数据时代发挥更灵活的优势,它可以缩短作业等待期,可以使库存更经济,生产和周转更有效率,从而降低安全库存的指标,可以降低企业的成本。

(6)MTO面对的是更具个性化的定制制造,客户需求复杂,订单要求多样化,不确定因素更多,企业随时需要面临计划和工艺的调整。在目前的自动化制造业水准下,企业能做到的就是争取更柔性化的制造系统、更科学的运营管理,以便让企业的生产系统能更加灵活地应对市场需求,这样会给营销活动带来更多的竞争力。在将来即将进入的智能化制造的时代,模块化和数据化将取代自动化生产,这将极大地促进营销活动的全面提升。

1.2　营销活动因运营模式而变

在 MTO 和 MTS 两种运营模式下,实施营销的不同点在于:

- MTO 是期货交易,MTS 是现货交易。
- MTO 是以销定产,MTS 是以产定销。
- MTO 是专家购买,理性程度大;MTS 是一般采购行为,情感属性强。
- MTO 关注客户特定需求,是一对一的;MTS 关注客户普遍需求,是一对多的。
- MTO 下供应商的切换难度较 MTS 大。
- 销售渠道结构不同,MTO 更多地倾向于直销,MTS 更多地倚重于渠道建设。
- 促销手段不同,根本点在于 MTO 是定制产品,MTS 是通用产品。
- MTO 营销管理更多地基于客户份额,MTS 营销管理更多地基于市场份额。

制造业的营销管理,核心问题是解决销售和运营计划安排的配合问题。好像每一个在特定运营模式下工作的营销经理们都感到,MTS 模式下营销管理的工作重心

80%在客户那里，20%在公司内部运营；而MTO模式下营销管理的工作重心倒过来了，80%在内部运营协调，20%在客户那里。

大家知道，运营主要解决的问题之一是生产或作业计划和排序问题，据分析真正的产品生产时间只占全生产过程的5%，也就是说95%的时间都在等待作业，包括原材料采购、零部件加工顺序的先后调整、设备维修保养、人员的安排等等。这在服务业同样存在，比如说去银行办事，银行会在排号系统里顺序生成一个号码，这就是作业排序。作业排序是为了达到不同的目标而设的，通常有以下几个目标[1]：

- 满足客户或下一道工序的交货期要求。
- 使流程时间最短，即各作业在加工过程中所消耗的时间最短。
- 使生产准备时间最短或生产准备成本最小。
- 使半成品库存水平最低。

作业排序须遵循以下几个原则：

- 先来先加工原则（First come first served，FCFS），即优先选择最早进入可排工序集合的工件，缩短原材料

---

[1] 参见李天凤、周支立、吴丽娜：《经济批量排产问题的一种排产方法》，载《管理学报》2007年第4期，第383—385页。

的保存期。

- 最短加工时间原则（Shortest processing time，SPT），即工件的平均在线时间最短，从而减少在制品。
- 最短交货期原则（Earlier due date，EDD），即优先选择交货期限紧张的工件，使得最大延误时间缩小。
- 最小松动时间原则（Smallest critical ratio，SCR），即优先选择临界（交货期—当前日期/作业时间）比最小的工件，使得工件延误时间最少。
- 余下加工时间最长原则（Most work remaining，MWKR），即优先选择余下加工时间（交货期—加工时间）最长的工件，使得不同工作量的工件完工时间尽量接近。
- 余下加工时间最短原则（Least work remaining，LWKR），即优先选择余下加工时间（交货期—加工时间）最短的工件，使得工作量小的工件尽快完成。
- 余下工序数最多原则（Most operations remaining，MOPNR），即优先选择余下工序最多的工件，使得工件完工时间接近。

根据不同的利益侧重所在，工厂通常会选择上述一种或几种原则来管理运营并组织生产。MTS 运营框架下，销售活动的计划、组织、预算是根据库存来安排的，比如商场年底大促销就是典型的 MTS 支持下的销售模式。

这种情况下,特定的销售产品是根据对市场的估计,按计划逐步排产的,由于在生产前期没有特定的销售对象,到年底就会有计划和现实的差异体现出来,面对存货,大促销是最好的资金回笼手段,企业在这个时候通过采取种种促销手段来加快现金周转,为明年新的计划做好资金准备。因此,MTS 框架下销售活动开展起来的想象空间比较大,目标明确,价格手段的作用很明显,预算也容易制定。MTS 的管理出发点是成本(Cost)和市场占有(Market share),根据规模生产的经济成本确定产量,根据市场占有的目标确定库存和销售目标。营销管理是在这两个基本点下开展活动的。

　　MTO 框架下的营销管理活动的开展相对就没那么简单,设备的加工能力、生产线的柔性程度、生产节拍的设定、生产班次的调节节奏显然不能提供给销售无限的想象空间,生产瓶颈、劳动力安排、原材料采购等作业安排制约了很多营销活动能力。

　　既然是 MTO,那么管理出发点一定是满足客户需求。客户需求包括价格、质量、服务,服务很复杂,客户对交货期、售前(商务洽谈)、售中(生产跟单)、售后(投诉)都有很高的诉求。相对 MTS 来说,MTO 的很多事情不是销售团队可以努力一下,加个班就做得到的,这是一个很紧密

第 1 章
运营模式影响营销模式

的团队协作工程。比如在交货周期问题上，MTO 下的销售需要和客户反复商榷怎样的交期才能既达到客户的期望，又能给生产和采购留有足够的时间。这还不是最具挑战的。面对客户订单的变更，做好的产品不能出货，没排上产的订单一个劲地催单，另外还有订单的增加、减少甚至取消，导致整个运营步调不能和销售保持一致，比如增减的订单未能及时反馈到采购，导致采购还在一个劲地催材料，而系统订单已经发生变化，最后往往会打乱整个生产排产计划，导致部门之间积怨排斥。既然是 MTO 就一定不是标准件，有特定的需求对象，离开这个特定对象很难开展销售，因此在库存、配货上可周旋余地不大，再加上要货周期不稳定，就一定会产生一些运营上的问题。因此，矛盾来了，业务洽谈期间价格、交货期迟迟答复不了；签完合同后交期要修改，客户不同意；你想急着交货给客户，物流却不同意单独装车；投诉后质量部迟迟不反应……怎么办？

由于上述情况下其他部门的同仁工作节奏和你脱节了，你团队成员的工作节奏也一定会和你脱节。遇到工作开展上的种种瓶颈阻碍，你团队成员会产生工作消极感，并寄希望于作为他们老大的你来解决这些问题。

要想解决这些问题，根本方法只有两个：流程控制和企业文化的打造。

　　流程控制最好的工具是六西格玛(6 Sigma)。长久以来人们对 6 Sigma 的认识有个误区，似乎 6 Sigma 只是一个质量管理的工具，而质量管理体系管的是产品质量。事实上，在整个企业流程中，6 Sigma 管理的意义非常大，它的特点是从客户的要求出发，以流程为导向，用数据说话，着眼于客户忠诚度的突破，覆盖了采购、研发、产品生产的流程、包装、库存、运输、交货期、售后服务、市场、财务、人事等等和制造相关的全过程控制。在制造业营销过程中，客户订单之所以能顺利进行，就是靠这些精准的流程设计和控制。因此，有些公司甚至专门配备了跟单人员，并严格按标准流程加以控制。这些都需要投入很多人力。学术界调查认为，目前情况下普遍的企业只能做到 3 Sigma——4 Sigma。

　　我们把 Sigma 的失误几率罗列比较如下，可以看到：

　　6 个 Sigma = 3.4 失误/百万机会——完美的管理，卓越的竞争力和绝对忠诚的客户；

　　5 个 Sigma = 230 失误/百万机会——管理出色，企业竞争力强，比较忠诚的客户；

　　4 个 Sigma = 6,210 失误/百万机会——管理和运营

第1章
运营模式影响营销模式

能力尚可,企业进入良性运营;

3个Sigma = 66,800失误/百万机会——意味着管理没有亮点,挣扎在盈亏线上,缺乏竞争力;

2个Sigma = 308,000失误/百万机会——平均利润率在7%左右的中国制造业,1/3的错误率意味着严重亏损;

1个Sigma = 690,000失误/百万机会——接近2/3的错误发生,这样的企业活着是个奇迹。

因为这些失误,经营者通常要花费15%—30%的销售额进行事后的弥补;如果做到6 Sigma,事后弥补的花销将降低到约为销售额的5%。

既然这么好,那么有哪些公司得益于6 Sigma管理呢?摩托罗拉是最早的实践者,随后德州仪器、霍尼韦尔、通用电气以及其他财富500强的制造型企业都陆续开始实施6 Sigma管理。一直在质量领域领先全球的日本企业,在20世纪90年代后期也不甘落后,纷纷加入实施6 Sigma的行列,包括索尼、东芝、本田等。自从实施6 Sigma管理以来,通用电气的营业利润从1995年的66亿美元飙升为2000年的130亿美元。如此飞速的增长和巨大的成功,使得越来越多的公司都将6 Sigma管理应用于组织的全部业务流程的优化中,包括营销管理,而不仅仅局限于制造流程。从金融服务公司、运输公司到高科技公司,从制造业的西门子、杜邦到服务业的花旗银行、全球最大的B2C网站公司亚马逊等[①],都因使用6 Sigma管理,大大提高了服务质量,维护了很高的客户忠诚度。

  6 Sigma随着外资的引进已在中国这块文明之地播种,国内大企业纷纷采用这个标准进行管理,如联想、海南航空、上海中远、上海宝钢股份、美的空调、小天鹅、中国移动等。既然6 Sigma这么厉害,这么多企业都采用了6 Sigma来管理改善流程,但为什么又或多或少存在一些不足之处呢?

  流程管好了,并不意味着就没有什么可管的了,企业可以就此良性发展了。

  可以说,流程管理是把人的骨架搭好了,但要让它动起来还得靠肌腱。企业文化是企业的灵魂,是推动企业发展的"肌腱"。企业文化的功能主要有:激励、凝聚、调适、传播。企业文化通常是自上而下构建起来的。以上这两点往往不是销售经理或者销售总监能单方面改变的,但可以起到一定的触动、激发和推动作用。我们把这

[①] 参见胡楠:《六西格玛在中国企业的实施——质量与流程能力的双重提升》,北京大学出版社2003年版,第47页。

种作用叫作销售驱动（Sales driven），企业就是这样靠销售驱动来理顺客户、营销、运营之间的矛盾，从而引领企业走向成功的。

强大且有组织的营销活动，可以持续地将发展动力引入到研发、设计、生产中来，靠营销带来的推动力是企业强大生命力的保证，从而带给企业源源不断的前进力量。销售驱动有个很有名的例子就是一汽—大众。一汽—大众合资进入中国市场之后，在捷达汽车取得了巨大市场效应的同时，并不是就此顺风顺水，获得稳定增长的。事实上，从2004年开始，大众品牌就开始在中国市场遭遇滑坡，市场份额每况愈下。2006年初，一汽—大众速腾被寄予厚望，但速腾上市后并没有打破市场僵局，表现一直不佳。2007年7月，一汽—大众又隆重推出迈腾，但销量依然不佳，迈腾一度被同行笑称为"慢腾"。通过对几年下来市场数据的分析，一汽—大众认识到，在中国汽车消费环境中，如果一味只是宣传新车的"技术"，而不懂得市场方向，不懂消费者偏好的转变，尤其不懂怎么卖车，一定是不可行的。一直有"技术和品质"情结的一汽—大众找到了病根所在，即高品质的产品离不开高品质的销售，营销是其最大的短板。如何将自己技术的优势转化为营销力量呢？一汽—大众定下了一个明确的目标,就是要打造行业领先的终端销售渠道和构建支撑百万辆销售体系的能力,同时转变总部职能,实现"高质量的销售"。经过摸索,一汽—大众终于找到了两大营销秘籍:"销售公司体系能力提升计划"和"经销商合作发展计划"。在这两大计划基础上,一汽—大众开始了渠道、销售体系等方面的巨大变革。① 今天的业绩证明,正因为一汽—大众完成了从技术驱动到营销驱动的转型,所以,即使当2013—2014年中国车市进入调整期,增速明显放缓的背景下,一汽—大众仍然交出了一份骄人的成绩单。这是汽车业界有口皆碑的营销驱动思路案例。

  这当然不是说技术驱动就没有价值了。销售驱动是企业持续成长的动力,技术驱动则是企业发展坚实的磐石。没有销售驱动的技术,只是山上的一块顽石。只有积攒了势能的岩石,在被销售驱动从高山上推下后,才能势不可挡,勇往直前。

---

① 参见杨小林:《一汽—大众销量新高 胡咏详解渠道竞争力》,http://www.eeo.com.cn/2013/1129/252861.shtml,2015年6月15日访问。

第 2 章
销售驱动是根本

SELLING

除了特定的项目型公司、垄断准入以及很高行业壁垒的领域，没有什么公司可以幸免于商战上的厮杀。一个公司的运营主线往往是首先由销售串起来，再分散下去。董事会为了实现更高的战略目标，没有业绩打基础，只能望洋兴叹。

与取得销售成功的一汽—大众相比，相反的例子是"即刻搜索"。"即刻搜索"是很典型的希望通过技术驱动来拉动公司发展的企业，因此，邓亚萍上任后，曾咨询李开复，李开复给她开了个名单。在邓亚萍的团队里，有谷歌中国工程研究院原副院长刘骏、谷歌总部数据中心原工程师王江、谷歌安卓系统1.0版创始人之一钱江等一长串明星级人物，组建了一支在当时业界堪称豪华级的技术队伍①。很快,即刻的技术框架就建立起来了。邓亚萍也曾经说:"当前最重要的是,我们要建设拥有自己知识产权的搜索引擎技术平台。我们一直围绕这个目标在努力,先把基础打好。"邓亚萍似乎也觉得依靠她的人气、即刻的国资背景,应该很快会给她带来很多业务,因此开业初期的她甚至没有像样的营销计划,她曾经豪迈地对百度说过:"我们(人民搜索)本身代表的是国家,最重要的不是赚钱,而是履行国家职责,你不用打败我们,你应该多帮助我们,多给我们出主意。"这句话一直被业内人士当笑资反复提起,事实上很尴尬的是,业内也从来没有把她当一个竞争对手看待。即便是国家战略,如果不能被市场接受,这条路将注定是走不长远的。

说到营销思维,这是习惯在"聚光灯"下的邓亚萍所欠缺的,而微软、谷歌的技术人才习惯了大公司做派,这方面也是有问题的。因此,即刻在运营了不到 3 年的时间里亏损 20 亿。

1994 年的摩托罗拉是另一个很好的反面教材。当时整个电信市场正以高涨的热情迎接数字技术的到来,摩

---

① 参见韩朝:《邓亚萍离开"即刻搜索"背后:战略定位问题》,http://info.cb.com.cn/hulianwang/2013_1202/1025686.html,2015 年 6 月 23 日访问。

第 2 章
销售驱动是根本

托罗拉由于在模拟电话技术上处于领导地位,其鲜明的技术驱动型的企业文化导致其轻视与网络运营商之间的关系,因而低估了诺基亚和高通等竞争对手的实力。结果,在摩托罗拉的主要客户麦考移动通讯全面开展数字化网络的时候,摩托罗拉的管理者们选择性忽视了来自销售和市场团队的信息,这直接导致了麦考移动通讯与诺基亚和爱立信牵手开发数字技术。结果可想而知,在之后的 4 年时间里,摩托罗拉的市场份额从 60% 猛跌至 34%,至今无力回天。

2.1 几种不同的驱动方式

一般来说,一个企业发展的驱动方式有以下三种:

(1)技术驱动

这是一种技术带动产品的驱动方式,它出现在一些难度较高的技术上,由技术推动业务发展,它可以不经过市场调研等,直接面向创新者和早期采用者,快速地交付产品。由于是技术驱动,产品开发期间并不知道最终用户是否会使用,所以,相对另外两种驱动方式来说具有最高风险。有人问乔布斯:"如何通过市场调查了解大众需求,才能让产品如此成功?"乔布斯的回答是:"不用做调查，消费者并不知道他们需要的是什么，而苹果会告诉他们什么才是潮流！"

（2）销售驱动

销售驱动有个特点，就是用户很明确知道他需要什么，以及市场上已经出现很多类似厂商参与竞争。它注重短期、低需求风险，与竞争对手差异性不大，价格和服务是主要的市场竞争工具。

（3）市场驱动

市场驱动的显著特点是关注客户，注重长期，由客户需要驱动产品发展。与销售驱动相比，市场驱动更注重大的蓝图，投入大，风险也大。它需要让客户参与，并分析他们的需求。市场驱动有利于建立市场领导地位，并提供潜在的收入。

由此看来，目前大部分的制造业企业面临的情况显然更适合销售驱动，尤其在国内，绝大部分产品的客户需求明确，主营业务差异性不大，竞争对手众多，靠价格和服务参与竞争。在这样的驱动模式下，一个企业内，销售明显处于主导角色，由销售主导介入的运营管理，会在根本上推动企业的发展和完善。

第 2 章
销售驱动是根本

2.2 为什么要销售驱动?

销售驱动的好处在于:

(1) 真正关注顾客

我们知道,6 Sigma 管理强调以客户为中心,提高客户满意度。举例来说,6 Sigma 对业绩的测量是从客户开始的,通过对 SIPOC(供方、输入、过程、输出、顾客)模型分析,来确定 6 Sigma 项目,6 Sigma 的改进和设计是以对客户满意所产生的影响来确定的。可以说,许多公司在推行 6 Sigma 时经常会惊讶地发现,对客户真正的理解少得可怜。销售驱动恰恰契合了这一点,通过满足客户需求来催生质量和技术的提升,通过改进企业流程的设计,从而使企业更具有市场竞争力。

(2) 以数据和事实驱动管理

销售驱动始终围绕着数据说话,如销售数量、销售额、交货期、客户满意度等等,这些数据可以很好地用来促进企业体系的改进。6 Sigma 质量管理就把"以数据和事实为管理依据"的概念提升到一个新的、更有力的水平。它首先分辨什么指标对测量经营业绩是关键,然后收集数据并分析关键变量,这时问题能够被更加有效地发现、分析和解决。所有这些数据都将转化为销售数据输出，最终都得经过市场的检验。

（3）采取的措施针对过程

销售对企业的驱动力还体现在，无论把重点放在产品和服务的设计、业绩的测量、效率和顾客满意度的提高上还是业务经营上，最终都是使得管理者确信过程是构建向客户传递价值的途径。就是这样，销售不断驱动企业加强过程控制，完善企业发展。

综上所述，销售驱动能够切实做到增加客户满意度，加强过程改进，提高企业竞争力。缺乏销售驱动的企业所制定的战略很可能会偏离市场，和客户背道而驰，最终导致无法向客户传递优异的价值。实施销售驱动的企业要在激烈的市场中脱颖而出，光考虑销售驱动的理念显然是不够的，有一个与之相匹配的组织配置结构，有一个销售驱动的组织文化同样很重要。

让我们来看图2-1。很明显，Model A 的模式比较靠谱，销售力和内部运营能力比较匹配，沟通也比较顺畅，这样业务才可持续发展；Model B 的销售有点吃紧，企业内部运营能力有余而销售力度不强，也就是说产能过剩，这就需要在销售团队和促销渠道上下功夫；Model C 是企业内部运营能力不足，跟不上销售的步伐，运营流程得重

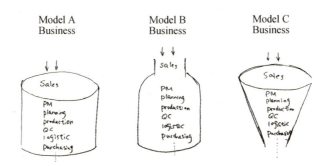

图 2-1　不同的业绩驱动结构对比

注：Sales(销售)、PM(项目管理)、Planning(计划)、Production(生产)、QC(品控)、Logistic(物流)、Purchasing(采购)。

塑,运营团队得重建。

面对这么多需要改变的方面,运营团队的同事们有改变的意愿吗?可操作性在哪里?动力在哪里?前面提到,销售经理们对流程改造和企业文化的构建两方面充其量也只是能发挥触动、激发、推动的作用,那么在销售驱动下,怎么才能驱动整个组织朝着既定的战略目标前进呢?

图 2-1 描述的 Model B 和 Model C 这两个现象普遍存在于我们的企业中,要解决其中的问题,起到好的触动、激发、推动的作用,建立一个好的营销管理体系很重要。很多管理者往往轻视了销售驱动在公司发展过程中所起的作用,比如前面提到的摩托罗拉的例子。无论多么伟

热销
SELLING

大的技术,如果忽视市场,无视客户,就无异于摩托罗拉之于诺基亚,诺基亚之于苹果。追求技术进步,却忘掉客户,最终被客户抛弃,看似十分荒谬,但很多伟大的公司却屡屡犯错,因为这些企业很容易被胜利冲昏头脑,转向以企业为中心的内部导向,工作重点不断转移到以获取利润为唯一目标的轨道上,价值观被改变,企业文化被扭曲,当与市场的矛盾积累到一定程度时,灾难的出现便不足为奇。

说到技术驱动方式,另一家公司不得不提,即英国的戴森公司(Dyson)。1882年美国技师休伊·斯卡茨·霍伊拉发明了电风扇,此后电风扇的工作原理便没有太大变化。传统电风扇的工作原理是通过电风扇叶片切割空气,从而改变气流速度,其最大的缺点是切割空气时会引起震颤,造成噪音;其次是安全问题,可能造成伤害;另外,扇叶上会积累尘土,需要定期清洗。直到一款无叶风扇的出现,彻底改变了电风扇。詹姆士·戴森(James Dyson),英国工业设计师,他利用涡轮增压器技术,推出了一款无叶风扇,采用独有的 Air Amplifier™ 技术,将空气流动速度放大了15倍,效果类似于传统电扇,但比传统电扇吹出的气流更平稳,另外也解决了电风扇震颤问题和意外伤害问题,新型的无叶风扇也更便于清洁。正是

第2章
销售驱动是根本

由于技术领先,这类公司往往在定价上高出相似产品数倍以上,甚至更多。戴森风扇售价都在数千人民币上下,远远超过传统电风扇的定价。

遗憾的是,技术固然重要,但市场不是单纯靠技术说话的市场。戴森的产品在投入市场的前几年里靠创新而势不可挡,但现在戴森已经明显表现出疲软态势,面对业内巨头三星、伊莱克斯和 LG 的挑战,戴森对市场的预期已经表现得不像开始那么自信满满。事实证明只有在营销手段上建立起抵抗对手的阻击战场,在知识产权领域建立起抗击仿冒的阵地,才能立于不败之地,单靠技术创新一只猛虎很难抵抗草原豺狼的围剿。另外,价格问题也是戴森的致命软肋。众所周知,戴森的定价策略是高于同行同类产品几十倍,这让戴森看起来像一个优雅的贵族。戴森在其他市场上的定价策略也只是简单地借鉴它在欧美日市场经营高端家电的经验。2006 年戴森进入中国,但直到 2012 年才正式起步,和它在全球其他地区相比,戴森的中国发展步子迈得并不十分豪迈,目前在中国的销售业绩也只占到了其全球销量很小的一部分。人们迷恋于它的技术创新,但口袋却捂得很紧,这和以上提到的营销思路有着密切的关系,事实上亚洲大部分国家的小家电消费观和欧美日地区相比还是有所保守。

大多数情况下,非销售驱动的企业有三个明显特点:

(1)对市场和客户的需求反应较慢,企业往往以自我为中心,对合作伙伴(供应商和经销商)的诉求不太在意,戒备心很重,导致企业无法与合作伙伴建立稳定发展的关系。

(2)在战略发展上,企业被动地进行变革,着眼于眼前利益,企业的运营流程不能体现客户价值和需求的变化,最后导致企业经营与市场脱节,变成孤家寡人。和客户关系松散,局限于看得见的眼前交易。除非持续技术革新,否则必定陷入客户流失的尴尬结局。

(3)有官僚企业文化,运营管理人员普遍不关心客户诉求,认为这是营销部门的事,结果造成内部事务处理占了高级营销管理人员很多时间,形成"倒2/8"现象(通常我们认为营销部门的管理工作80%在客户端,20%在内部事务处理)。

所以,以技术为驱动的企业在持续驱动动力不足的情况下,最终又会回到以销售为驱动的客户导向上来。但值得注意的是,很多公司在费尽周折摆脱了内部导向的官僚企业文化后,往往又会矫枉过正地走向另一个误区,即屈服于客户,对客户盲目崇拜,这就是销售驱动的"硬币的另一面"。当企业认为任何一个客户的意见或者

第 2 章
销售驱动是根本

褒奖都是有意义的时候,企业实际上已经陷入了对客户矫枉过正的误区,为了迎合每一个客户的需求,往往会消耗企业内部与之不相称的资源配置,结果反而会造成对市场的错误理解,干扰企业的战略方向,浪费企业资源,从而陷入盲目追随客户的陷阱。这种情况下,企业的每一个部门都觉得自己在尽力倾听来自客户的声音,开发人员与客户进行了充分的交谈,营销经理关注每一个大客户的诉求,销售员耐心地倾听客户的意见,但是由于信息量很大,并且急剧膨胀,营销管理者没有很好地运用营销工具筛选和消除来自客户的杂音,没有很好地提炼后为企业的运营提供依据,在这种极端情况下,虽然每个部门的初衷是好的,但不一定得到好的结果。

销售驱动下的组织里,营销管理者尤其重要,依靠流程管理,在健康的企业文化下的销售驱动组织可以给企业带来勃勃生机和持续发展的动力,这就是"核心竞争力"。制造型企业的核心竞争力不是几条先进的生产线,因为生产线别人也可以引进;也不是几项产品技术,因为任何先进的技术都会被别人追赶。可以说,建立在销售驱动之下的竞争力才是企业真正的核心竞争力。

2.3 好的组织结构是成功的一半

目前世界上很多优秀企业已经认识到流程再造对企业构建核心竞争力的重要性。对业务流程进行持续的调整和改造,打破了传统的垂直型组织结构对企业能力的束缚。目前很多跨国企业都是扁平型的混合型组织结构,我们把这种组织形式叫作跨功能小组。利用这样的组织,可以极大地提升客户价值。具体来说,在这样的组织架构中,各个团队通常由来自不同职能部门的员工组成,因而可以很方便地实现资源共享。这样一个扁平化的组织是以工作流程而不是部门职能为中心来构建组织结构的,公司的结构是围绕有明确目标的几项"核心流程"建立起来的,而不再是围绕职能部门。这样,职能部门的职责也随之逐渐淡化。

真正意义上的跨功能小组切实地按照相关流程设置,按照相关流程开展工作,靠流程来保障团队的工作目标和效率。这样的跨功能小组整合了原来职能部门相关的专业职能,能对各种挑战更加迅速地作出有效反应,势必能为客户创造价值。可以说,扁平的混合结构团队拥有更大的行动自由和成就激励,所以团队成员的工作效

第 2 章
销售驱动是根本

率和工作积极性更高。在这样的组织内部信息传递速度快，市场反应迅速。团队之间和职能部门之间通过组织信息共享，提高了组织的决策和行动速度。营销部门是最能听到"炮火"的一线，这本身已经具备从节点到节点的沟通能力，在跨功能小组的组织结构下，能够最大限度地联合其他专业员工组成小型的组织自行开展工作，按照公司大的绩效目标前进。

我们曾经生活在一个崇拜"金字塔"结构的时代里。"金字塔"结构是很典型的垂直型组织结构，在这样一种组织框架下，领导拥有无上的权威，人人都以做合格的、守规矩的雇员为荣。日本企业的崛起堪称这一结构的成功典范。索尼电子就曾经有着相似的"金字塔"公司结构。在美国公司里，"金字塔"也无处不在，无论是微软和戴尔，还是英特尔和惠普，都拥有强大的、帝国般的结构。在"金字塔"结构企业里，来自第一线的市场情况影响着营销模式的改变，但这一切并不能被及时、准确地反映到管理层，相反，公司内部的决策扭曲、权力错位、压制异见、误导竞争、过于看重经验和压制主动性等等诸如这些由上而下的公司驱动模式，会从根本上压制像销售驱动那样的、需要从下而上的驱动模式，从而使公司完全不能适应当今商业世界的动荡和变革速度。伦敦商学院

(London Business School)教授加里·哈默尔(Gary Hamel)认为:"颠覆传统管理理念"的时代已经到来。在接下来的商业年代里,只有那些拥有扁平化组织、打败官僚主义、让消费者惊艳、行动快于改变的公司才能拥有未来。

世界最大的番茄加工企业晨星公司(Morning Star)是近年来兴起的,在组织扁平化实践上做到极致的公司。在它的关于组织结构的哲学里,有这样一段话:"所有的团队成员都是能够自我管理的专业人士。他们与同事、客户、供应商和同行一道,自行决定与工作有关的沟通、协调等事宜,从来无须指令。"

在这样的公司里,部门之间的条块隔阂被打破,员工的岗位边界更模糊,更有利于协同实现一个统一目标,而不是死抱着各自岗位 KPI 不放,当然,前提是团队成员是能够自我管理的专业人员。其实,任何组织都没有固定不变的模式,只有适合企业战略流程的组织结构才是最佳选择,也才是销售驱动的有力保障,那些机构臃肿、效率低下的组织必然很难实施销售驱动策略。只有不断优化流程,继而优化组织结构,才能成为真正意义上的销售驱动型组织。

第3章
客户

SELLING

通过上一章的阐述我们知道，销售驱动型的组织对一个企业来说十分重要，但任何销售驱动下的行为都会有硬币的两个方面，这就需要一个科学健全的营销管理来为企业行为指引方向，规范流程，滤去市场杂音，将企业引向积极向上的"戴明循环"发展道路上。

那么作为一个制造业的营销管理者，

你怎么看你的客户？

你怎么看你的团队成员？

你怎么看你所在公司其他部门的同事？

你将采取什么样的方法来促销？

最后怎么来保证你的业务安全？

从本章开始，我们将用五章的篇幅来梳理营销管理的思路。

3.1 客户是什么？

先从销售看客户角度开始，客户是什么？

客户是上帝？客户是伙伴？客户是父母？

以上这些答案看着没什么错，但这些唬人的鬼话都是对客户说的，我们现在试着捂着自己的左胸，对自己说一些大实话：经济社会里，理论上企业与客户不存在仰视或是俯视的关系。因为，企业为客户创造以商品为载体的价值，客户用金钱作为酬劳来交换这种价值，谈不到上帝的高度。况且，客户也不需要一个虔诚的信徒，而是一个能为其提供问题解决方案的人。现在这样一个事实摆在我们企业面前：

你和客户之间，谁求谁？

我们常常遇到这样的情况，你的客户像被宠坏了的孩子，反复无常，经常发脾气，给企业难看，使企业忙前忙后，焦头烂额，却还讨不到他的好。遇到这样的情况，先不要简单地认为客户公关没搞好。当今社会随着全球化的深入，销售格局已经在发生变化，大部分时候已经不能靠宴请等一系列幕后交易来解决问题。如果需要幕后交易，至少说明一点，你的产品缺乏竞争力，你的产品没能

第3章
客户

给客户带来价值。你可以试着调整你的产品的特征属性,看看客户的态度是否也会随之改变。这就是客户购买倾向(Purchasing Tendency)。随着社会结构、经济状况与思想文化的多元,客户的结构、特征与思想也变得多元复杂,这时我们似乎应该摘下客户头上的"上帝"光环,以发现的目光,重新定义一下客户的身份。

客户是唯利是图者

这里说的"唯利是图"没有任何贬义。通常我们会认为客户是上帝,但往往这个上帝并不是那么的博爱,对所有供应商一视同仁,他只是付出了金钱、时间,并和你一起承担交易风险的那个人,他的目的就是要用金钱、时间来换取自己期望的利益,在你能提供时,你们就是利益链的上下游关系,当你不能提供时,自然会有大把的人来取代你的位置,这个时候,你再膜拜上帝也只是徒劳。所谓满意度和忠诚度都是建立在满足了客户利益需求基础之上的。

诺基亚曾经是行业领导者,拥有大量高满意度、忠诚度的消费者和员工,也曾经是智能手机的先驱。但当三星在智能手机方面发展遥遥领先后,这些高忠诚度的消费者并没有等待这家企业生产出同样的机型后再购买,而是马上把消费转移到了三星。现在则是苹果和三星之战,好像果粉的客户忠诚度比三星的要高很多。不过,这个行业就像马拉松一样,有人开场领跑,许多资本大鳄伏蛰静候切入时机,行业新秀如小米不甘人后,谁能最终领先真的很难说。

客户的满意与忠诚是动态变化的,而利益交换是市场经济的基础。我们自己也希望讲求利益的最大化,客户也是。面对"唯利是图"的客户,我们做一个虔诚的门徒是不够的,持续改进核心竞争力,也许你还可能会变成客户的"上帝"。

客户是朋友,更是"女朋友"

我是这样看待朋友关系的:当出现问题时,第一个想到的是向你求助的话,这个朋友就是很铁的朋友,而不是平时一直陪你喝酒的"酒肉朋友"。为什么?向你求助就表示他相信你能帮助他。客户把你当朋友,有什么事会先想到你这个朋友,这个时候,销售就变得顺风顺水了。此时做不做上帝已经不是一件很重要的事。永远要记住,客户更像你的女朋友,她愿意交往的是一个强大又体贴、靠得住的、能够在自己遇到困难时提供帮助的男朋友。你的企业做到了这一点,客户的忠诚自然就产生了。

客户是学生

客户虽然个个都是行业的精英、翘楚,但他们不可能是所有采购品的专家——他们会拿着图纸或者技术参数找到你,然后跟你说,我需要你提供完全符合这些技术要求的产品,That's all。这时候你会做些什么?你一定会拿着这些参数向他提一大堆问题,但最后我们往往会发现并不能从客户那里得到确定的答案,因为大多数时候,他们需要问设计工程师,问工艺工程师,更有可能他们需要得到总部的回复。因此,为避免一些不切实际的探讨,他们采取的对策往往是反问你,你认为该怎么办?永远要为客户准备好方案,而不是问客户该怎么办。你如果抓住了客户的这种心理,以一个产品权威的形象向客户提供解决方案,交易会很容易达成。

我记得有这样一个案例,一家汽车传动轴生产企业给我们看一张新车型的图纸,问我们能否提供精密管件给他们作为母管生产传动轴。于是我们的 PM (Project manager,即项目经理)组织大家进行了认真的研究,几天后带着一些问题来和对方讨论,并建议为了达到图纸规定的某个参数,最好用替代材料来做,而不是图纸上标明的材料。对方的工程师一筹莫展,说这些问题要问车厂,况且变更材料是一件很复杂的事，于是谈判就僵持在那里了。最后，我们通过热处理变更材料的属性，从而满足了图纸的要求。

有这样一个有趣的调查：学生对老师的信任，超过对父母的信任，年纪越小的学生对老师的信任度越高，老师说的话学生几乎会100%地相信，而父母所说的话学生却希望从老师那里得到证实。因此，对于一些专业性强的行业，客户就等于是一个等待启蒙的学生，企业这时正应该发挥师长的特殊作用，来引导客户。失去专业优势，仅仅靠周到的服务来等着客户作出购买决策是毫无用处的，只会让你失去战机。

帕累托眼里的客户

意大利经济学家帕累托发现的"帕累托法则"同样适用于客户管理。依据80/20法则，80%的客户只能带来一个企业20%的业绩，而80%的业绩却是由另外20%的优质客户带来的。我们都说对客户要一视同仁，但事实却是，如果真的一视同仁，会消耗企业大部分资源。此外，我们发现大部分客户甚至会创造负价值，即所谓的魔鬼客户，在我们还不能发现目前的魔鬼客户是否可以转化为天使客户时，最好的办法是设立大客户经理来专门负责这些细分客户群体,集中公司的优质资源来分配给那些天使客户们。

由此看来,客户不仅仅是上帝,客户的身份可以有很多种,我们应该跳出固化思维,发现你的目标客户真正恰当的身份,而利润会随着你的这种发现与重新定义滚滚而来。

3.2 购买倾向和客户满意度

20世纪90年代,营销管理的重点开始由开拓性的市场份额抢夺,转向现有客户的维护和保留,试图通过测算客户购买倾向来预测客户未来的购买行为。简单来说,购买倾向就是客户下次购买的可能性。在消费品行业,客户购买具有很强的随意性,恐怕连客户自己都说不清楚下次他会购买什么牌子的牙膏或衣服。因此,对于消费类产品来说,了解客户的购买倾向意义不是很大,就算研究得出结果来也不太精确。客户购买倾向更多地适用于大宗消费品购买,或者本书具体要谈到的制造业产品采购,这类客户购买理性,容易形成持续购买,在获得较高客户满意度的情况下,能转化为较高的客户忠诚度。

客户购买倾向目前为止没有很好的定量分析工具,但几种理论都有一个共同的指向,就是要把感知、认知、行为倾向综合起来考量。早在20世纪70年代,丹尼斯·根奇(Dennis Gensch)就以著名的ABB电器公司为背景,针对ABB公司的电力变压器产品,开发过一种叫作Choice Based的模型,用来测量客户的购买行为倾向。根奇首先确定在8个产品属性上由客户对产品进行打分,这8个属性分别为:合同价格、能源损失、产品质量、零部件供应情况、服务有效性、维修满足状况、安装简易程度、担保状况。

包括霍金斯(Del L. Hawkins)和陈小平在内的很多学者都试图通过问卷的方法来直接测量或量化客户购买倾向,但根奇对客户购买行为倾向的总体测量公式似乎更科学、更有说服力、更具操作性。也有人建议根据消费者行为学中的态度一致性模型,通过评估更方便测量的情感成分和认知成分,依此结果推断出客户的购买倾向(行为成分),如图3-1所示。

图3-1模型里包含的几个成分就是本书序言一开始时提到的营销手段,即通过视觉、嗅觉、味觉等手段来提高购买者的情感成分,进而影响购买倾向。态度一致性模型认为态度的三个组成成分,即认知、情感和购买行为

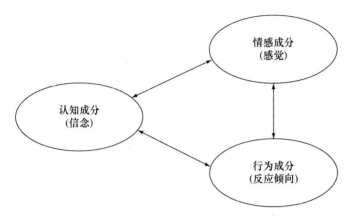

图 3-1 态度一致性模型

倾向于保持一致①,这意味着某个成分的变化将导致其他成分的相应变化。根据这个模型,只要我们能够更好地测量客户对产品的情感和认知度,理论上就可以得出客户的购买倾向(反应倾向)。通常来说,制造业产品购买倾向和零售业消费品购买倾向相比,前者属于专家购买,因此情感倾向比重会比后者小很多,客户对产品的认知程度会占相当的比例。

购买倾向的测量方法具体步骤可参看图3-2。

以上定量结论的计算方法看起来很科学,有量化,有信息交互,有分析,有结论,但由于评价尺度的合理划分、

---

① 参见〔美〕德尔·I.霍金斯、戴维·L.马瑟斯博、罗杰·J.贝斯特:《消费者行为学》,符国群等译,机械工业出版社2007年版,第237页。

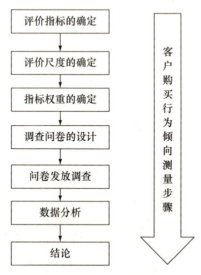

图 3-2　购买行为测量步骤

指标权重的计算在日常工作中操作起来不太方便,因为这可能涉及调查问卷的发放、专家对权重的打分等繁琐程序,相关客户很可能会收到许多这样的问卷,烦不胜烦,最后可能不会回复你,也可能敷衍了事。就算你委托第三方专业机构从事这样的调查,所付出的费用、努力,与得到的效果相比,可能并不那么令人满意。这样的测试最终为了达到两个目的,一是对客户分类管理,二是进一步为提出改进产品属性方案提供量化依据。

通过研究客户购买倾向,我们可以把销售经理的管理对象确定下来,那就是态度一致性模型确定的三种成分,再通过对情感要素和认知属性的研究和确认,从而在客户满意度体系的设计里得到体现,然后在客户满意度体系支持下,通过调整定价策略、促销方案、市场重新定位等,影响客户的购买倾向。很多研究都表明,客户购买倾向和客户满意度具有较强的正相关性,较高的客户满意度必将导致较高的购买倾向,客户满意度是对产品的认知(质量预期与实际质量、价格、性能适配度、交货及时性等)、对产品的感知(品牌的感觉、企业形象、服务体系、产品的研发能力等)的综合体现,客户满意度的每个方面都将对客户的购买倾向产生影响。如果实际购买的感知和认知超过了预期,就一定会产生较高的满意度,进而产生较高的购买倾向(见第6章)。在此基础上做的所有努力,同样也适合新客户的开发。

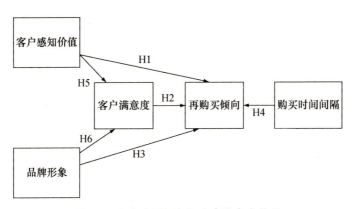

图3-3 客户购买倾向和客户满意度关系

现有理论和以上专门讨论的客户购买倾向都表明：

H1：感知价值对再购买倾向有显著的正向关系。

H2：客户满意度对再购买倾向有显著的正向关系。

H3：品牌形象对再购买倾向有显著的正向关系。

H4：购买时间间隔对再购买倾向有显著的负向关系。

H5：感知价值对客户满意度有显著的正向关系。

H6：品牌形象对客户满意度有显著的正向关系。

上述六个关系都直接指向客户购买倾向，这使得它们之间相辅相成，销售经理可以将这个体系在企业内部建立起来，从而构成一个销售驱动导向的管理体系。这必将深刻地影响企业内部运营流程、绩效考核和绩效管理等诸多管理体系的建设。

以上六个关系中我们先着重讨论一下客户满意度：

目前主流的客户满意度评价模型有两种，即美国客户满意度指数体系（ACSI）和欧洲客户满意度指数体系（ECSI），我国也有自己的体系（CCSI）。不管是哪个体系下的满意度模型，现在都在仔细考虑其在各个行业背景下的不同，而采取不同的评价结构及细分的结构层次。因此，在各自国家的满意度体系下，每个行业又都有自己的一套满意度测评标准模型，如中国电信行业的指数模型TCSI、中国汽车用户满意度指数测评模型（CACSI）等。

第3章
客户

我们看客户满意度模型一般都只看结果总分值,以评判满意度的高低。其实,如果我们细看满意度评价模型,通常销售满意度(Sales Satisfaction Index, SSI)和售后服务满意度(Customer Satisfaction Index, CSI)一定是必需的构成指标。

J. D. Power 公司对中国汽车行业的销售满意度调研列出了7个调研因子[①],在此基础上又给出了41个三级测量指标,不管这些指标如何分级细化,总的来说,其实就是一个完整的销售满意度的标准模型。因此,客户满意度是个很好的实用工具,以此来判定老客户的重复购买率、新客户的购买倾向预期,以及营销战略的调整、销售队伍的建设、渠道的开展、服务要素的完善和提高等等。

综上所述,把客户购买倾向的关键因素(认知属性和情感要素)考虑进客户满意度体系构成因子是营销管理的要点之一。通常我们认为,客户满意度是防守型的管理工具,但如果满意度+KANO模型或者满意度+服务管理这两个分析手段和思路用得好,也是营销管理很好

---

① J. D. Power 亚太公司中国汽车销售满意度研究已经进行了十几年。这项研究通过7个因子,即交车过程、交车时间、经销商设施、销售人员、书面文件、交易条件和销售启动,来衡量客户在中国市场的新车购买体验满意度。

的进攻手段。

由于本书不是专门分析客户满意度的专业书籍,所以不对客户满意度作详细阐述,感兴趣的读者可以参阅相关文献。但为了方便大家更好地理解满意度组合模型作为营销进攻手段,这里就以上面提到的两种辅助模型和思路作简单介绍。

满意度+KANO模型　加纳(KANO)模型讲的是满意度的定性分析,它把客户满意度要素分为3+2,即基本型需求、期望型需求和兴奋型需求,以及无差异因素和反向因素。基本型需求是产品必须有的属性和功能,是基本的需求满足;期望型需求就是我们平时提到最多的对产品的期望,与客户满意度成一元线性关系;兴奋型需求就是提供给客户完全出乎意料的产品属性和服务行为。无差异因素是指无论具备还是不具备,感受都不强烈;反向因素是指若具备时感受偏不满意,而不具备时感受偏满意。这个模型认为,根据3+2要素分类,可以合理分配销售力量和各类公司资源的投入,3+2要素分类也是对客户未来购买倾向的判断依据。在经过缜密设计后,加纳模型还是一个很好的营销攻势手段。至于怎么识别3+2要素,识别后怎么判断和计算,本书将在"6.1 加纳模型"里详细阐述。

满意度+服务管理 比较有意思,服务管理最初的重点是服务的标准化,如服务落实调查的目的是要规范员工行为,让员工服务标准化。但是,在服务标准化达到一定水平后,就出现了差异化服务的需求,以满足不同客户群体的需求,比如 VIP 服务、大客户服务。于是根据这个理念,有公司成立了专门的"客户之声"(Voice of the Customer, VOC)服务管理部门,并以此发现短板,评价绩效,促进服务质量的提升。分析不同背景、不同购买行为和态度的客户对同一服务感知的差异(详见"3.5 客户感知价值"),找出导致差异的关键影响因素,这是实施差异化服务的基础。

高德纳(Gartner Group,全球最具权威的 IT 研究与顾问咨询公司)2013 年 4 月 18 日出版的市场份额分析报告这样描述道:"全球 CRM 软件支出细分显示了 2012 年客户服务与支持以 36.8% 的占比(66 亿美元)领先所有的类别,其次是 CRM 销售(26.3%,47 亿美元)、市场营销(包括营销自动化)(20%,36 亿美元)与电子商务(16.9%,30 亿美元)。"

服务管理是一个很好的销售提升手段,根据营销 4R 理论,客户关系是核心,而提高客户关系,加大客户黏度的就是服务管理,辅之以客户培训、品牌挖掘,销售攻势

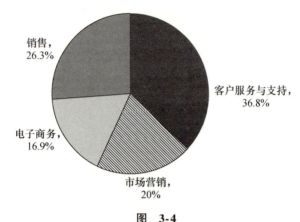

图 3-4

很自然地就展开了。

以上两个亦守亦攻的营销模型需要企业高层充分重视,把它定位在一个战略层面对待。

3.3 客户份额分析

营销管理者对销售业绩进行监控的指标体系,最初是销售额,后来发展为市场份额,20世纪90年代开始则重视客户份额。

客户份额(Customer Share)是指一个企业所提供的产品或服务占某个客户在这项产品或服务上总消费支出的

百分比。① 我们通常也贴切地将之称为钱袋份额(Share of Wallet)。

上节我们讨论了客户购买倾向和满意度的要点,客户购买倾向是对未来的描述,客户满意度显现了这种趋势。然而,就当前业务而言,我们的销售量占了这些客户消费量的多少比例呢?越来越多的销售经理开始考虑这个问题,因为他们发现搞明白这些所花费的时间成本和经济成本比开发一个新客户要少得多。

20世纪90年代,管理专家们开始提出客户份额这个概念,第一次在个体客户层面把竞争对手、客户和自己综合起来考虑。之前,我们的营销管理很重视市场份额,因此花了许多精力和财力请了第三方调查机构给出了一大堆数据,想知道市场到底有多大。相信大家都会发现,当你拿到这一堆数据的时候,你真的很疑惑数据的准确性和可信度到底有多大。这里不是说调研公司骗人,而是这些调研公司的数据来源实在是乏善可陈,大多数情况下它们的数据来源有这么几个渠道:问卷调查、自建的数据库、国家机构权威发布、行业协会、年鉴、权威人士等。很多调研公司都是根据特定的项目来推测行业背景和走

---

① See Jill Griffin, Customer Loyalty: How to Earn It, How to Keep It, Lexington Books, 1995.

向,因此样本太小,不足以凭此作推断,只有当大数据技术真正成熟的时候,这些数据才真正值得相信。

4R营销理论注重关系营销。关系营销注重企业与客户双方关系的交互作用,通过这些关系来降低交易成本、减少环境中的不确定性,从而创造新价值,形成企业的核心竞争优势。可以说,以关系营销为基础的客户份额是市场份额的有力拓展,也是将企业的关注点从竞争向提高客户需求转变。

因此,聪明的销售经理们开始从自己的身边入手,了解现有每个客户在当前业务的总采购额数据并加以分析,这就是客户份额。客户份额必将会颠覆和废弃许多市场份额的经验法则,使企业变开垦型为精作型。

用客户份额对客户进行评估和管理具有很多优点:

(1) 综合考虑了本企业、竞争者和客户的关系;

(2) 能够变交易为关系;

(3) 客户份额本质上也提高了市场份额;

(4) 客户份额是划分客户忠诚的一个重要指标。[①]

客户份额是对客户进行研究的重要工具。它是对企业过去的经营绩效进行衡量,属于一种事后的验证。

[①] 参见胡左浩、郑兆红:《顾客生涯价值概念及其对 CRM 的启示》,载《外国经济与管理》2001 年第 4 期,第 43—48 页。

市场份额和客户份额最大的区别就在于思维角度的不同,每一次作出的企业战略也会不同。联想在2000年就基于客户份额思维,入股主要客户,通过一系列的并购使其迅速从硬件供应商转型为系统服务商。

如果从市场份额来评估一个企业的核心价值,似乎并不可靠,因为客户总在流失,这是一个很动态的数据,何况数据出处本身就很可能不靠谱。如果从客户份额来评估企业的核心价值,则要可靠得多,因为客户忠诚是企业的生存保证,它不仅反映企业当前的销售情况,也反映企业未来的销售远景。

客户份额计算很简单:

客户份额 = 你公司对这个客户的销售额 / 客户采购总额 × 100%

怎么才能取得较为准确的客户采购总额数据呢?

相对于市场份额数据来说,客户份额数据不太宏观,要清晰很多,目标也比较明确,获取途径也相对直接。通常来说,客户份额的数据采集和分析工作有这么几步:

第一步,营销人员需要通过各种不同的途径收集客户的采购数据。客户的采购数据到底应该以数量为依据,还是以金额为依据,掌握的标准应该视客户采购结构而定。

通常有以下几种情况:

(1) 单一产品单一型号,数量或金额都可以作为数据采集依据。

(2) 单一产品不同型号,建议分列或以采购金额为数据依据。

(3) 不同产品不同型号,建议按以上两种情况分列,或以金额为依据。

想明白这些数据的计算依据后,就要采取行动来收集这些希望得到的数据。对上市公司的数据收集还是比较容易的,从它上一年度披露的财务报告中就可以拿到很多信息。一般来说,可以通过以下几种途径得到客户的年度总采购数据:

(1) 从和采购团队关键人物(如采购人员)的谈话中直接获取。

这是一种比较直接的做法,不过这种做法建立在双方沟通顺畅的基础上,一般很难直接获取。

(2) 从生产经理、计划员、仓储物流人员、质检员、财务等外围采购影响人员中获取。

这也是一种很好的思路,这些运营部门的主要工作骨干其实十分清楚工厂的产能负荷状况:生产经理、计划员手里一般有生产的第一手数据,仓储物流人员很清楚每个月工厂的实际销售数据,质检员掌握了原材料(零部件)的进货检验和合格产品数据,而财务人员则有每个月的销售开票数据。这些数据中的任何一个都可以实际用来推算客户采购总额。

(3)从客户的供应商分类等级体系中了解。

在营销过程中,我们把客户按照采购额大小进行分类,其实客户也对供应商进行分类,它们一般会把供应商分为:战略供应商(Strategic Suppliers)、优先供应商(Preferred Suppliers)、考察供应商(Provisional Suppliers)、消极淘汰(Exit Passive)供应商、积极淘汰(Exit Active)供应商和身份未定供应商(Undetermined Suppliers)。对于不同等级的供应商,相应的份额百分标准是在客户的采购体系中早就确定的了,你处于什么地位对号入座,一般就八九不离十了。当然,取得这些数据需要你和客户有很好的互动关系。

需要着重说明的是,在产品构成日益复杂及多元化的今天,买方要想选择一个在所有考核维度上都表现优异的供应商并不是一件容易的事。因此,企业需要建立一个供应商分类管理体系,用来合理分配企业的采购份额,也可以通过供应商之间的竞争形成牵制,来保证买方自身的控制力。目前普遍认为制造业企业的供应商的绩效主要体现在价格、交货可靠性、质量和服务四个方面。二元分类法是目前主流的供应商分类法,它将供应商分为两大类,即产品型供应商和服务型供应商。产品型供应商是指产品本身具有相当优势的企业,如在设计、生产制造能力以及价格因素方面具有优势。一般而言,成本领先和差异化是产品型供应商的战略特点。服务型供应商的优势在于产品质量高,并着眼于提高售后服务来提升客户满意度。例如,为提高客户满意度,服务型供应商在交货上更加符合买方要求,如可以按照客户要求实施JIT(Just in Time,即准时制生产方式或称无库存生产方式)等服务增值手段。因此,服务型供应商偏向于通过非价格手段来提高自身竞争力水准。

  买方在二元分类基础上制定出自身的供应商等级制度,营销人员如果很清楚地明白这些,可以更好地找出确立自己在客户采购体系中位置的营销战略方案。当然,产品型和服务型供应商之间并不是非此即彼的选择关系,而是在买方不同的价值链位置上发挥作用。如汽车制造业中,发动机、底盘等关键构件对供应商来说很重要,因此买方对供应商的选择主要是基于质量因素,并且会要求供应商采取JIT供货模式以降低库存优化财务结构,但对于汽车内饰等构件,买方一般会选择价格低廉且

第3章 客户

设计创新能力强的供应商,从而直接降低成本,也能吸引买方从而提升客户感知价值。

第二步,营销人员需要与客户进行互动,深入分析提高客户份额的可能性。

在此之前,你应该已经很清楚目前你在客户供应商分级体系中的位置。分析提高客户份额可能性,就是从客户满意度与客户购买倾向出发,想清楚把自己确定为服务型供应商还是产品型供应商。当然,如果你有十足把握的话,在产品和服务上全面提升以适合客户供应商提升计划,那是再好不过的了,只是这样可能会带来成本问题。

要提到的是,既然说可能性,就是说有些你基因上的原因,使得客户份额没有提升的可能,要充分加以认识,这些都将决定下一步的营销策略和营销资源调配。

第三步,制订对应方案来提高客户份额。

知道客户份额,了解了客户产品的发展前景规划,也充分分析了客户满意度或客户购买倾向后,从战略上改进自身在这些方面的不足,是进一步提升供应商等级的必然路径。我们需要思考从哪个产品入手、目标是占多少份额、通过几步走来达到提升目标,并为此制订提升方案和步骤。

或者还有一种可能就是等着你的竞争对手出事,不过这种守株待兔式的办法和等天上掉馅饼一样,难度系数 5 颗星,概率很小。

3.4 性价比

在客户购买倾向这么多属性里面,客户首先关注的一定是性能和价格。不客气地说,对于绝大多数客户来说,在性价比面前,服务、研发之类的因素统统不算什么。

所谓性价比(Cost-performance),是指一个产品根据它的价格所能提供的性能的能力。

性价比 = 性能/价格(性能是质量、功能的综合)

小米的模式是很典型的性价比营销模式,小米认为"性价比"就是他们很好的市场总监,高配置低价格,由此形成的高性价比是小米攻城略地的主要武器。2014 年,小米成为中国智能手机市场出货量第一的公司。

在日常生活中大家都对性价比很了解,但作为一个研究对象,我们用科学的分析方法,可以发现性价比是一门很大的学问,是客户孜孜追求的重要采购参数。性价比是价值工程的评价工具,也是评价一件商品采购价值最直接的参数。既然在客户采购决策中影响如此之大,我们不妨来看看什么是价值工程。

价值工程(简称 VE)是以产品或作业的功能分析为核心,以提高产品或作业的价值为目的,力求以最低的寿命周期成本实现产品所要求的必要功能。其基本思想,就是以最少的费用换取所需的功能。

价值的高低可用公式表示为:

$$V = F/C$$

式中:

V——研究对象的价值;

F——研究对象的功能;

C——研究对象的成本。

从式中可以看出,价值的高低取决于功能和费用相对比值的大小。在实际价值工程活动中,一般功能 F、成本 C 和价值 V 都用某种系数表示。这和性价比的公式完全吻合。这就是说在成本价格一致的情况下,功能越多,产品的价值就越大;换个角度说,在功能和质量一致的情况下,成本价格越低,产品的价值就越大。

当然,客户所需求的产品功能也并非越多越好,功能性质不一样,其重要性程度就不同,一般对功能可以进行如下分类:

(1) 按重要程度可分为基本功能和辅助功能

基本功能是客户为了达到其使用目的所必不可少的

功能,而辅助功能是为了更好地帮助实现基本功能或扩展基本功能而额外增加的功能。例如,手表的基本功能是计时,使用者不会买一只不能准确显示时间的手表,但设计者会在手表功能里增添通话、计步、夜光、防震、潜水等功能,以扩展该手表的使用性能。

(2)按满足使用需求的性质又可分为使用功能和品味功能

使用功能是指与技术用途直接相关的功能,品味功能则是指与使用者感官意识有关的功能。例如,同样是煤气管道,用在地下铺设的输送管道可能只需要考虑防锈和防泄漏的功能,而地面部分还要刷上油漆,以与建筑物美观相称。

以上种种说明,价值分析的目的就在于找到最低成本对应的适度产品功能,从而使产品具有较大的价值。

从统计学的离散分析我们可以知道,性价比的评价方法是"最合适区域(Optimum Value Zone)",在最合适区域以外的点,根据离散程度,其所代表的产品应重点加以分析,作为改进的对象。

价值工程的评价思维可以给我们一个很清晰的概念,依照这个思维,我们可以问自己两个问题:

- 我们的产品在功能和成本两个维度上对客户的成

本影响有多大作用？

- 改进离散度如何？也就是处于"最合适区域"外的什么位置？

问了这两个问题后，我们要进行价值提高，也就是让性价比更高些，通常有五种思路：

- 技术改进，使成本降低，必要功能不变，寿命周期不变；
- 成本降低，功能提高，寿命周期不变；
- 提高必要功能，成本不变，寿命周期不变；
- 提高成本，提高功能，提高寿命周期；
- 降低辅助功能，降低成本，寿命周期不变。

通过这几种工作思路，我们可以和竞争对手展开博弈。在这里，客户显然是博弈论"囚徒困境"模型中的"警察"角色，我们和竞争对手则像是几个"囚徒"谨慎地在性能、价格、交货等方面进行博弈。

3.5 客户感知价值

我们通常会发现，我们一直在试图给产品或服务增加价值，但很多时候我们的努力并没有得到应有的客户回报，这是什么原因呢？

这是因为价值是由客户决定而不是由我们决定的。客户感知价值(Customer Perceived Value, CPV)[①],是指客户对企业提供的产品或服务所具有价值的主观认知,它不同于传统意义上的客户价值概念,属于客户认知导向。企业存在的意义在于满足客户需求,或者可以将企业看作是一个客户价值创造系统;企业产出的最终结果就是企业产品或服务的客户感知价值,而客户则基于价值感知的大小来选择购买最佳供应商的产品或服务。

客户感知到了才有价值,其意义就是将客户所能感知到的利益与其在获取产品或服务时所付出的成本进行权衡后,对产品或服务效用的总体评价。这个理论是由营销专家载瑟摩尔(Zeithaml)于1988年提出的,他将客户价值理论往前推进了一大步。

其实,中国成语"买椟还珠"就是讲的这么一个道理:

> 楚人有卖其珠于郑者,为木兰之柜,薰以桂椒,缀以珠玉,饰以玫瑰,辑以羽翠。郑人买其椟而还其珠。此可谓善卖椟矣,未可谓善鬻珠也。

这里,客户感受到了木盒子的价值而忽略了产品(珍

[①] See V. Zeithaml, Consumer Perception of Price, Quality and Value: A Means-end Model and Synthesis of Evidence, Journal of Marketing, 1988, Vol. 52, No. 3, pp. 2—22.

珠)的价值。在这个客户眼里,有价值的是那个木盒子而不是珍珠。

客户感知价值的驱动因素有三个:

(1)产品相关性。如产品的一致性、产品特征、产品范围、便于使用。

(2)服务相关性。如供应的可靠性与敏捷性、技术支持、快速响应、产品创新、技术信息。

(3)促销相关性。如公司形象(品牌)、公司可靠性(ISO体系管理能力等)、个人关系、公共关系、上游整合。

围绕上述因素,客户或感知利得,或感知利失,客户感知价值就是在这样的二维结构中判断出来的。学者们之前普遍认为利得和利失等同于质量和价格,但随着研究的深入,渐渐发现利得和利失的范畴更为宽泛,光靠产品质量和价格是不能创造和完整传递客户感知价值的,必须深入识别客户价值的关键驱动因素,并做好动态观察。这样企业可以最佳地分配自己的战略资源,从而最大化客户价值。利得可以是有形的产品质量,也可以是无形的服务质量,甚至是品牌所带来的心理体验等;利失不仅包含货币成本,也包括非货币成本,如时间成本等。

按照以上三个因素,学术上识别了 12 种客户感知价值:价格、便利、选择、员工、信息、关联、功能、关系、个性化、惊喜、记忆、社区。

识别了客户的感知价值驱动因素后,营销经理们可以传达给整个团队,并据此来分配营销力量。例如,在快速响应上,可以分配专门的大客户经理或区域经理来为特定的业务领域服务,这是员工价值;再如,一次愉快而记忆深刻的采购经历会提升很多客户感知价值,以弥补可能的其他缺陷,这就是记忆价值;又如,供应商给客户提供的产品或服务超出了客户的预期,客户感知价值一定会大大提升,这就是惊喜价值。

罗伯特·伍德鲁夫(R. B. Woodruff,1997)曾指出:客户感知价值是下一个竞争优势源泉。他是客户价值层次模型的创造者,这个模型是这样的:

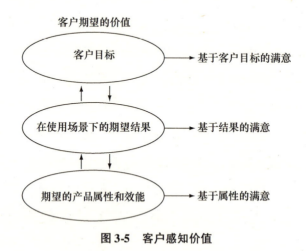

图 3-5　客户感知价值

第3章
客户

从这个模型可以看出,供应商给客户提供了期望的产品效能还不够,如果在实际交付和使用结果下满意度很高,那么感知的客户价值就大于预期设定的效能。如果完全超过客户对产品效能形成的期望目标,那么这个客户感知价值就很高。我管这个叫超预期,其结果必定是销售很成功(详见第6章)。

既然是感知,就一定存在一个传达的问题。怎样管理客户感知价值并把它传递给客户,是营销管理中一个很重要的工作内容。通常我们认为让客户满意就能提高客户的感知价值,但客户感知价值有许多客户满意度所无法解释的现象。例如,美国的民用航空界客户服务一直被大家所诟病,在经历过"9·11"事件以后,研究者想当然地认为人们一定会抛弃飞机,改用其他交通工具了,但事实上,乘客的数量仅仅在事件发生后的几个星期内有轻微减少,没过多久乘坐率又回升了。这一现象用客户满意度来解释似乎很难说服大家,但用客户感知价值理论似乎更好解释,那就是人们认为坐飞机所带来的时间和效率上的利得,和在服务和安全上的利失相比,似乎更胜一筹。从这个例子中我们可以看出,客户满意度是相对而言的,它反映了客户期望值和所得值之间的匹配程度,而客户感知价值则反映了客户购买某项产品或服务的本源驱动力,它能更为直接地预测客户的下次购买行为,即客户购买倾向。

客户感知价值已成为企业创造竞争优势的重要因素,是形成企业核心竞争力的动力,企业的市场核心竞争力本质上就是提供了比竞争对手更高的顾客感知价值。

3.6　供应链上客户的生命周期

随着市场的不断成熟,市场竞争日趋加剧,企业之间的竞争不断由开发新市场、吸引新客户,进而升级到互相争夺市场,争夺老客户,这就要求企业的营销重心也要从新客户的开发转移到老客户的维护和保留上,从注重短期交易行为转移到长期客户关系的维护上。

越来越多的事实告诉营销管理人员,现代企业的竞争已经不是一家企业与另一家企业的对抗,而是各个不同供应链之间的竞争。

研究表明,维持客户生命周期(Customer Life Cycle)[1]最大化,提高客户保持率是企业盈利水平的一个决定性因素。

---

[1] 参见[美]菲利普·科特勒:《营销管理:分析、计划、执行和控制》,梅汝和等译,上海人民出版社1999年版,第34页。

第 3 章
客户

中山大学的学者曾做过研究,指出制造型企业中有50%能稳定保持供应链3年以上,40%保持在1—3年,只有10%的企业保持在1年以下的合作关系。而零售类企业中能和客户保持稳定合作关系的则相对比例较少,它们之中有45%的企业买卖双方保持稳定合作关系在1—2年之间,其余55%则都在1年之内①。显然,其中的原因是制造业中使用MTO模式的大大多于零售业。正由于是MTO,因此客户不可能像在MTS情况下那样,在采购前预先知道你的产品的各项属性,为此客户就设置了SQE(Supplier Quality Engineer,即供应商质量工程师)这个职位的人来验证供应商的能力,大概的过程是:SQE对你的制造能力进行确认,然后按照客户对质量控制的特定理解来帮助你设计和规划一整套质量控制体系。在正式供货之前,经过小批量的试生产并得到客户验收后,你才算稍微松了一口气。

虽然不是每个制造企业都严格按照这个流程挑选供应商,但思路都差不多。这就说明了MTO模式下的营销是期货营销。为保证未来一段时间内的产品交付在可控状态下,企业需要花费大量的时间和人力对供应商进行

---

① 参见陈功玉、阳明明:《论中国企业的供应链管理》,载《中山大学学报》2003年第6期。

认证,从而获得对其产品预期质量和供货能力的全面评估。切换供应商要非常谨慎。基于 MTS 模式的营销活动则是现货交易,供应商产品的期望质量和预期交货能力都是可见的,企业对此所作的评估过程相对简单便捷,所花的各项显性和隐形成本相对较低,切换供应商相对容易。所以,相对于 MTS 模式为主的零售业来说,以 MTO 模式为主的制造业企业能较稳定地保持在一条供应链上较长时间。

一般来说,我们主要有两个思路来延长客户的存活周期:

(1)提高客户让渡价值(Customer Delivered Value)

客户让渡价值是菲利普·科特勒在《营销管理》一书中提出来的。他认为,客户让渡价值是指客户总价值(Total Customer Value)与客户总成本(Total Customer Cost)之间的差额。客户总价值就是客户的感知价值,它包括前面提到的 12 种价值。客户总成本是指客户为购买某一产品所耗费的时间、精神、体力以及所支付的货币资金等。由此看来,客户总成本中不单单只有价格的因素,便利、花费的时间和安全等等都是构成客户成本的因素。

客户的让渡价值越大,说明客户相对付出少,但得到了更高的感知价值。如果只是采取低价策略,显然是很难争取到客户的,因为没有最便宜只有更便宜。挖走关键客户,很多时候不是钱的问题,况且就算费了很大力气强留下来的,客户价值也不一定高。因此,某种程度来说,低价策略是抢夺客户的一种手段,但维系客户靠的是提高客户的让渡价值。

(2) 设置转换壁垒(Switching Barriers)

关系营销对于客户保留问题的研究只是注重建立和推进客户关系,但是没有说明在与客户建立关系时应该从哪个角度衡量双方关系的稳定性。

从转换壁垒角度来建立与客户的关系就能够为企业的行动提供一个明确的方向。国外已经有很多学者提出了很多不同的转换壁垒类型,归纳起来主要分为五种类型:关系利益、资源成本、心理成本、替代限制和服务恢复。

有很多壁垒的设置方法可供借鉴,比如学习壁垒,Linux 和 Windows 操作系统之争就是由于大部分人并不愿意再花费很多精力去学习;再比如成本壁垒,如果在项目开始前期,让客户一起对研发进行资金或模具投入,就会形成很长一段时期的稳定关系;还有工作协同壁垒,世界著名的丰田零库存生产方式形成的过程中,为了让配件供应商达到丰田公司的要求,准时将完全合格的产品送到指定地点,丰田公司与供应商花费了3年时间学习如何协调管理,如果丰田公司要转换供应商,那么必须花费时间寻找合格的供应商,同时还必须花费大量的时间和精力对供应商进行培训,这无疑是极大的转换障碍,事实证明供应商与丰田公司的关系一直都非常稳定;差异化壁垒也是转换壁垒很重要的方法,长期以来各移动电信公司之间的号码是不能任意转换的,这并不是技术上达不到,但你要带号码在各电信公司之间转换却毫无可能,它们一起对外开放的业务仅限于开新号,这样就保证了它们之间共同业务的增长。

转换壁垒的设置原则主要是由行业结构和竞争水平决定的。但需要明确的一点是,对于转换壁垒的应用一定要以正面转换壁垒为主,负面转换壁垒为辅。因为正面转换壁垒致力于为客户提供更好的服务,更好地满足客户的需求,这正是市场营销追求的目标,而负面转换壁垒不能为客户创造价值,过度地使用会引起客户的反感,同时还有可能造成有关营销道德的问题。

如果没有这些壁垒,价格往往就变成了单一的业务转换触发诱因,它会像病毒一样,在毫无抵抗力的市场上发威。

第4章
怎样做好"头狼"

SELLING

处在销售驱动的公司体系中,销售团队是否能形成狼性文化,从根本上决定了整个公司团队是吃肉还是吃素。

什么是狼性文化？发狠耍野是否代表狼性文化？蛮横跋扈是否代表狼性文化？

我们应该从这样两个方面来正确认识狼性文化的基本要点：

（1）紧盯目标,死咬不放

优秀的业绩都是以优秀目标的设定开始的,而优秀的目标需要强有力的行动作为依靠,否则成功就是遥遥无期的妄想,目标就是美丽的水中之月。优秀的狼性团队应该始终保持奔跑状态,一旦锁定目标,紧咬不放,直到成功。

（2）众狼一心,协同围猎

狼是最具团队精神的兽群。它们分工协作,团结一心,在协作中遵循铁一般的纪律,让狮虎也心生恐惧。它们善于沟通,彼此忠诚,为团队荣誉而战。狼的这种品质,是它们在弱肉强食的环境中赖以生存的保证。要想成为"头狼",就必须通过对狼群的了解,掌握狼群行动的所有关键行为。

做"狼"难,做"头狼"更难,作为营销团队的管理者,你该时刻思考怎样才能带出一支优秀的营销团队。靠"酷吏"?靠"怀柔"?靠"绥靖"?好像每一种方案都不那么确切到位,都有那么一点缺憾。

狼性营销团队的建设与管理,按照管理学抽象的"计划、组织、选拔、指导、控制"步骤科学实施到每个营销管理工作中去,具体至销售任务的分配、行业划分、客户管理、每周每月每季的业务回顾、销售业绩预测管理等,都有章可循,有学问可究。

然而,在现实工作中,"头狼"往往会步入这样一些管理误区:

- 感觉错位,把自己当成超级销售人员
- 个人能力强,领导力差
- 不知怎样做好下属的导师
- 唯业绩至上,除了业绩,管理没有其他量化目标
- 工作没有计划和步骤,管理随心所欲

第4章
怎样做好"头狼"

- 激励手段单一

纲举目张,狼性营销管理关键在于建立起营销过程的结构性管理,使得每个销售团队成员清晰地知道阶段工作目标和管理节点,形成能发挥出最大战斗力的团队和有效的管理支撑,营造狼性协作文化和死咬精神,从而练就一支狼性团队。

在管理过程中,"头狼"在销售团队中应该扮演四种角色:

(1) 精神引导者

既然是狼性团队,狼的勇往直前和协同作战的精神不可或缺,这个精神来源于团队的每个成员,而激发于管理者。一个精神涣散,充满了负面情绪,功利心太重的领导者,是断然不可能带出一支狼性队伍的。在业绩处于低谷时需要如此,在业绩升至高峰时更需要有引领团队走向另一个成功的眼光和毅力。

(2) 团队量化目标规划者

一个团队是否成功,业绩固然很重要,但不是唯一的,很多公司都已经审慎地体会到了这一点,围绕着以业绩为主导而衍生的许多管理环节,在很大程度上帮助我们为进一步提高业绩、优化业绩以及保障业绩提供了参数。这可以避免我们的业绩成为一幢漂亮的沙滩城堡,一旦潮水来袭,转瞬即毁。

(3) 指导营销工作的好教练

很多年来,管理者的角色形象大部分是指点江山,只重视重大决策和企业资源配置,只关心如何充分利用员工的才能来实现自身绩效目标,这在当今已经被认为越来越不适应企业发展的需求。能力的冰山模型告诉我们,很多时候员工并不是没有能力去完成任务,达到销售业绩目标,而是自身的潜力不能得到很好的释放,营销管理人员就是要通过指导把这"水下冰山"托出水面。

(4) 心智成熟健康的兄弟姐妹

心智成熟体现在四个方面:正确认识自我,正确认识他人,正确面对挫折,明确工作目标。具备这四种素质,才能成为心智成熟的合格员工。要想有一支齐进共退、协同作战的队伍,心智一定要成熟,否则很难想象他可以不左顾右盼而和团队齐进共退,很难想象他可以不瞠乎其后而和队伍协同作战。作为这样一个团队的管理者,首先自己要做到心智成熟。

在销售管理过程中,引导者、教练和兄弟姐妹都是感性的角色,而团队目标的规划者是一个需要有清晰工作条理和方法的理性角色,那么怎么才能做好工作规划?要规划哪些工作呢?

第4章
怎样做好"头狼"

4.1 销售目标

现实营销管理工作中,我们往往会遇到怎样把公司的销售目标转化为销售员的销售目标的困惑。

每年的财务年度结束,进入下一个财务年度时,营销经理们最忙碌的任务之一就是根据董事会的业绩目标,制订新一年的销售目标。在拿到明年的销售指标后,营销经理们通常会有三种应对方法:第一,简单平均法,也就是把高层压下来的销售任务平均分配给每个销售员;第二,能力加权平均法,也就是按照销售员手上不同的客户群体和往年的销售业绩增长幅度,分解给他们;第三,区域(或产品线)加权分解法,也就是按照销售员不同的管辖区域或产品线,根据公司的战略侧重,分解给各自负责的销售员。

当销售员接到新的销售目标时,往往会唉声叹气,感觉目标不合理,很难达成,甚至产生排斥的情绪。这样的情况想必很多企业里都发生过,具体来说,销售员有这样的反应,可能有以下两个原因:

第一,销售员感到工作方向不清:销售员本身不确定他过去的客户、现有的客户和未来的客户在新的一个考核季度里所能带来的潜在业绩。因此,销售目标对他来说是茫然无助的,一切都是处在走着看的过程。

第二,销售员困惑于缺乏阶段目标去推进工作:在执行目标的过程中,如果没有设定合理的阶段工作目标,很可能使得轻重缓急本末倒置,导致工作事务混乱。

即使在目标分解与制订上,营销经理们遵循了科学的SMART原则,但由于年度销售目标带给销售员的是直接的工作压力,因此,在推出落实到个人的销售目标的同时,对于销售目标和现实之间的差距(比较历年同期业绩),营销经理们要有可实现计划,并制订相应的实施步骤,这样销售员才不会觉得目标无法实现,或无从着手实施,进而产生消极甚至抵触情绪。

在给销售员分解目标之前,仔细对比过往几年的销售数据并进行原因分析,营销经理可以梳理出这样几个实际的问题来问问自己,比方说:

- 每个销售团队近几年的销售增长规律是什么(产品结构、平均增长比例、淡旺季)?
- 展会、广告或其他媒体的投入会多大程度上对销售额产生影响?产生多少影响?
- 每个销售团队或销售员手里占了他们80%业务的大客户有哪几个?

- 我们在这些大客户的采购业务里占了多少的百分额？有多少提升的可能？
- 去年接触的新业务今年预计是否会有收获？
- 设定什么时候开始有收获？收获对整个销售额的贡献会有多少？
- 影响以上因素的主要原因是什么(价格？促销投入？战略合作？……)？

作为营销管理者，只有自己先清楚明白了以上问题，才可以结合现在的销售目标找出当中的差距有多大，然后再为实现销售目标制订清晰的阶段目标。

4.2 月销售计划的制订和回顾

月销售计划就是清晰的阶段销售目标，每个销售团队、每个销售员都应该清晰地知道每个月的工作重点和进程目标，这样才能由过程控制进而实现目标控制。

我们可以制订出一张专属于销售员个人的阶段计划表，在这张表里，应清楚地记录下每个月每个季度应该完成的目标，以及如果没达成，应该采取哪些措施在接下来的一段时间里补上。

比方说，销售员 Y 2015 年的销售额指标为全年 100

(万件),他手头有 3 个贡献了 70%—80% 业务的大客户,于是他可能会拿到图 4-1、表 4-1、表 4-2 这样 3 张工作图表:

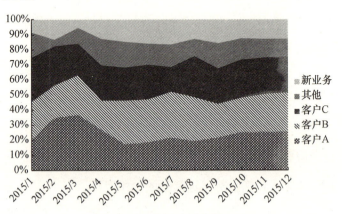

图 4-1　全年销售结构模型图

注:客户 A+B+C 的业务量占了销售员 Y 手头总业务量的 70%—80%,剩余的销售目标要靠其他中小客户和新开发的客户来实现,加起来才能达到目标的 100%。

这 3 张图表的运用大概是:

(1) 全年销售结构模型图

根据客户在过去 3 年平均月销售额占该业务员月总销售的比例,我们可以得出该销售员专属的全年销售结构模型图(根据销售员入职时间的不同,最短可调整为过去 1 年)。根据这个模型,结合今年的销售目标,可以确定今年每个客户每月的目标销售量。我们需要做的就是每个月的日常维护和及时修正,确保销售工作不偏离总

表 4-1 客户份额提升计划表

		1月	2月	3月	4月	5月	6月	7月	8月	9月	10月	11月	12月
去年销售总量													
今年销售目标													
大客户 A	去年												
	今年												
大客户 B	去年												
	今年												
大客户 C	去年												
	今年												
其他客户	D 去年							平均大客户份额			30%（例）		
	今年							今年平均大客户份额目标			40%（例）		
	E 去年												
	今年												
	F 去年												
	今年												
新客户	G												
	H												
	I												

热销
SELLING

表 4-2 每月沟通记录表（例:2 月底用）

客户	A	B	C	D	E	F	G	H	I	New	New
1月销售回顾											
2月计划销售											
3月计划销售											
2月销售结果回顾分析											
3月销售调整计划											
上月答应做的事项进展											
下一步计划											

目标太远。

该结构模型图反映的是该销售员过去历年每月平均销售结构。举例说明,销售员 X 有 5 个客户,在过去的 3 年里的销售数据如表 4-3：

表4-3　销售员 X 过去 3 年 1 月份数据分析

客户	2012 年 1 月销售额	2013 年 1 月销售额	2014 年 1 月销售额	该月该客户历年平均
A	100	85	87	90.7
B	80	83	90	84.3
C	90	92	89	90.3
D	30	24	34	29.3
E	15	17	20	17.3
总业务	315	301	320	312

根据最右列"该月该客户历年平均",以此类推,即可制订该销售员全年销售结构模型图。这个模型图可以很形象地向销售员展示他的客户对销售额贡献的结构,也有助于销售员和销售经理之间的目标沟通。更重要的是,有了这个模型,可以考量在新一年的销售目标下,相应每个客户的预期销售目标是多少？是否可能达成？达不成怎么办？

所以,靠这张结构模型图可以帮助我们决定新一年里每个客户销售目标,但因为每个客户的情况不一样,可增长的空间也不一样,这就需要有表 4-1 客户份额提升计划表来帮助我们做科学理性的分析,以便进行阶段行动以及目标控制。

需要特别提醒的是,对于新销售团队成员,因为没有以往历年的业绩数据支撑,所以可以拿团队总平均数据作为其基础结构数据。

(2)客户份额提升计划表

根据已经确定的销售结构模型,销售目标分解到每个客户,就可以得出每个客户每个月的销售目标,然后,我们可以知道今年的销售目标和去年相比,我们需要提高的份额。在3.3节本书详细提到过"客户份额"的概念,我们可能没必要也不可能分析每个客户的采购总量,但占业务比重较大的大客户的客户份额是我们每个销售管理人员必做的分析,只有这样我们才能知道未来我们的业务增长到底来自哪里、增长的可能性有多大。如果可能性不大,新客户或新业务就是我们目标增长的唯一来源。但是,在通常情况下,我们都知道,新业务或新客户的发掘成本比老客户要大很多,因此挖掘老客户、大客户的业务潜力是我们优先工作计划中的一部分。通过表4-1对比分析,可以帮助我们清楚地了解需要增长的份额和达成的可能性。要注意的是,新的销售调整计划要放入全年销售计划里去验证,确保全年的销售计划不受影响;如果会受到影响,要有应对措施。

计划是死的,销售工作是灵活应变的,这张表格的作用是可以给我们全年的销售定下一个大框架。但是,市场时时变,商海阴晴无常,于是我们还需要表4-2每月沟通记录表来时时提醒我们修正工作目标。

(3) 每月沟通记录表

我们靠每个月和销售员的定期沟通来实现对工作进程以及计划实施的维护和修正。每到月底,销售经理和销售员或销售总监和各级销售经理再忙都应该要有一次例行的工作谈话。利用表4-2回顾过去销售月度的工作,找出差距或超额销售的原因,制订下个月的销售工作步骤。

沟通表很重要,它是管理者赖以和销售员交流的工具,可以帮助双方整理手头工作,对双方的谈话和达成的共识有个清晰的记录,并可在下一次谈话中利用起来进行有条理的回顾。依靠这个表格,销售管理者和销售员可以记录双方完整的工作思路和问题解决的全过程。

沟通表设计的主要思路是:记录过去一个销售月度的实际业绩,并和计划目标相比对,找出差距制订行动计划,并进行上一个销售月度行动计划的回顾和纠偏,在下一个销售月度体现。各公司可根据业务情况的不同,对表格进行调整。

分析这些表格,我们可以看到清晰的戴明循环法(Deming Cycle),即 PDCA——Plan(计划)、Do(执行)、Check(检查)和 Adjust(修正、校准)。[①]

好了,有了这 3 张表格我们大概就可以行走江湖,排兵布阵了。就像刚才所提到的,市场是动态的,商海波涛汹涌,有时候销售业绩会受到一些情况的左右而出现骤升或骤降的状态,我们把这个叫作销售异动。

4.3 销售异动

我们常常把客户在正常范围内的销售起伏称为正常波动,超过必要警戒线的起伏就称之为销售异动,必须引起警惕,寻根究底查明原因。

其实,按照前述我们设计的 3 个图表里面的数据,如果发现实际数据偏离得比较远,我们就可以定义为销售异动。在现实工作中,我们可以遵循以下经验判断,即当销售额偏离销售目标 ±20% 范围时,就应该启动销售异动报告程序。

[①] See Mary Walton, The Deming Management Method, Perigee Books, 1988, p. 12.

第4章
怎样做好"头狼"

说得确切点,销售异动就是销售数据的离散程度,我们可以用统计学中的离散系数来分析现实销售工作中出现的这种情况,这需要我们平时积累足够的销售数据样本,并运用合理清晰的归纳方法。日常中我们可以按4条主线路进行归纳:一是按时间季节变化;二是按区域情况;三是按不同销售员;四是按客户。通过计算每条归纳线路的平均数据,我们可以画出各自的离散图,处于离散范围内的都属于正常,如果偏离得太远,就要引起足够的重视。

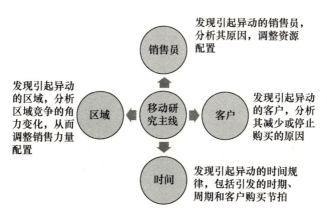

图4-2 销售异动分析主线

销售员:按照图4-1分析得出的每个销售员全年销售结构模型,我们可以看出一个销售员的业绩趋势和销售能力大小。如果该销售员的销售业绩突然大于或小于平常,你就要思考是什么原因导致这样的变化?他的业务增长/减少来源于哪里?

  客户:如果某客户在销售员业务量里面的比例贡献突然大于或小于平常,就要思考这几个问题:该客户的哪项采购倾向属性发生了变化?是该客户该产品消费总量变化了,还是公司产品在客户那里的客户份额变化了?……

  区域:如果某区域在销售额里面的比例贡献突然大于或小于平常,就要思考这几个问题:构成区域变化业绩的是该区域哪几个客户?负责该区域的销售员或经销商的工作在其中的影响有多少?是否有串区域的问题?……

  时间:如果某时间段的业务量在总销售额里面的比例贡献突然大于或小于平常,就要思考这几个问题:这个变化是正常的谷峰谷底周期吗?客户的购买节拍是否发生了变化?这些变化是哪些客户引起的?这个时间段有什么特殊事件发生?……

  在我多年的销售管理经验中,我会另辟蹊径地寻找每个客户的采购规律,我发现有一个很有趣的现象,那就是,每个客户都有其独特的采购节奏。以 A 客户为例,A 客户在过去 3 年里平均采购频率和采购量如表 4-4:

表 4-4　客户采购节奏

A 客户	1月	2月	3月	4月	5月	6月	7月	8月	9月	10月	11月	12月	Av
采购频率	0.6	0.6	1	1	1.3	1.3	1.6	2	1.6	1.6	1.6	1	1.27
采购量	0.5	0.3	0.7	0.8	0.8	0.9	0.95	1	0.95	0.9	0.8	0.8	0.78

我们可以注意到，在分析销售异动管理的数据里出现了一个新的关注点，那就是我们在观察一个客户的采购规律时，除了留意客户采购额增减外，还要留意它的采购频率(Frequency)的异动。

采购频率是客户活跃程度的"晴雨表"，它不同于重复购买率。重复购买率是指客户对我们的产品或者服务的重复购买次数，重复购买率越多，反映出消费者对我们产品或服务的忠诚度就越高，反之则越低。

采购频率是对重复购买率的数据深挖，因为我们没法对只下过一次单的客户研究它的采购频率。因此，既然提到客户的采购频率，就一定是对有相对黏性的客户而言的，通过分析它的频率变化来观察它的黏性的变化。

由表 4-4 可以看出，在过去的 3 个销售年度，平均每个月的采购频率是 1.27 次/月，平均每个月采购 0.78 个业务单位，即 0.61 个业务单位/次。

目前全球采购规律正在向小批量多频次转变，这是为了适应新形势下供应链伙伴之间分工合作的需求而变化的。频次发生变化一定意味着有两种可能：一是可能客户的采购模式发生了变化；二是可能客户在它的采购战略上把你调整了位置。

因此，值得一提的是，采购频率的变化和采购额的变化一样要求销售管理者引起充分的重视。在现实工作中，我们往往只会关注销售额增减的异动，而会忽略客户采购频率的异动。通过以上的表格，我们知道，销售额、客户采购频率以及单次采购量这三个要素构成了分析销售异动的主要量化数据框架。

4条分析主线，3个数据量化分析，这些要素一起构成了观察分析销售异动的体系。通过这样的条线控制，可以确保整个销售管理工作有序进行，从而对销售工作中的异动状态采取针对措施制订行动计划，而不是面对异动无从下手。

4.4 费效比的分析和控制

费效比（Cost-effectiveness Analysis）就是投入费用和产出效益的比值。费效比也有称投入产出比（英文简称ROI），可以用来衡量营销活动的效果，是很直观的一个

第4章
怎样做好"头狼"

指标。

军事领域很早就对费效比进行研究和计算。一战时,英军首创"兰彻斯特方程",用于优选步兵作战兵力的投放。二战期间,美英军队又运用军事运筹学进行防空兵力部署和指导海上运输。战后,他们将这种费效比分析计算用于选择国家安全战略、武器装备发展、兵力规模结构优化、军队人事政策制度改革等多个方面。大量的数据表明,费效比不光是简单的数字,它体现了成本核算、过程控制、细节管理、量化分析等科学管理理念,是从投入与产出的全过程精确管理的可靠方法。

费效比还可以用在很多方面进行营销管理数据分析,比如可以做推广渠道分析,可以做销售人员绩效分析参考,也可以用来做区域资源投入分析。比方说,在日常生活中,我们常被人问起:我们是怎么得知对方产品的,是通过网络、传统媒体还是朋友口碑?其实这就是对方在做推广渠道费效比分析,通过对客户接触到的渠道统计,然后比对每个渠道投入费用的大小,看看到底哪个渠道费效比低。这对确定公司营销战略有着极其重要的意义,可以避免很多吃力不讨好的事。

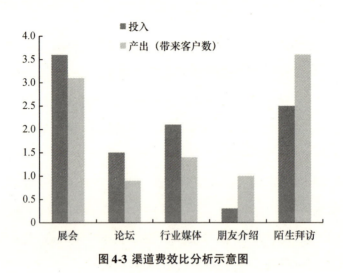

图 4-3　渠道费效比分析示意图

图 4-3 对应的具体数据见表 4-5：

表 4-5　各渠道 ROI 对比

	投入	产出(带来客户数)	费效比 ROI
展会	3.6	3.1	投入/产出 = 3.6/3.1 = 1.16
论坛	1.5	0.9	投入/产出 = 1.5/0.9 = 1.67
行业媒体	2.1	1.4	投入/产出 = 2.1/1.4 = 1.50
朋友介绍	0.3	1.0	投入/产出 = 0.3/1.0 = 0.30
陌生拜访	2.5	3.6	投入/产出 = 2.5/3.6 = 0.69

图 4-3 渠道费效比分析示意图是我对我曾服务过的某企业近 3 年来市场推广渠道的数据所作的分析（为商

业保密需要,所采用数据均为平均值百分占比)。从这些数据我们可以得出两个客户来源排名:

按客户取得数量排名依次为:

- 陌生拜访
- 展会
- 行业媒体
- 朋友介绍
- 论坛

按费效比由低到高排名依次为:

- 朋友介绍
- 陌生拜访
- 展会
- 行业媒体
- 论坛

我们可以看到,费效比的比对会对我们的销售管理思路有一个根本上的帮助,我们把从目光聚焦取得客户的绝对数值,转移到费效比数值上,这符合公司股东利益,也符合资源合理配比原则。针对这个数据比对结果,在接下来的年度里,我调整了市场推广策略,开始关注如何获得高回报的朋友推广渠道。我发现要获得低费效比的朋友推广,如果仅仅靠制订一些奖励措施显然会掉入陷阱,因为一旦有了奖励措施,原来的费效关系就发生了变化,从根本上改变了费效比的投入因素,最后会在几个渠道之间造成一个新的费效比关系。

朋友介绍也就是说老客户向他的业务伙伴或合作同行推荐了你的产品,有这样几个好处:几乎接近于零的渠道成本,省去了客户发掘的各项成本(包括时间和劳动力成本),因为范例效应而省去了信任成本,但前提是老客户必须已经从你那里获得了较高的满意度。菲利普·科特勒(Philip Kotler)比较过获得一个新客户和维护一个老客户的成本关系,而老客户推荐不失为一个既保持老客户高满意度又获得了新客户的一个绝佳渠道。

既然我们都知道这是一个很好的获得客户的渠道,显然我们应该从这两方面着手开展市场推广计划:设计提高老客户满意度的保健因素;加大老客户满意度的激励因素。据此,我提出了基于加纳模型的"超预期营销法则",具体细节可以参阅第6章的内容。

除了对推广渠道的分析,我们还可以用费效比的理念来管理团队费用的控制。拿销售人员绩效费效比分析举例,每个销售员的成本包含了工资、差旅费、宴请费用、通讯费用等等,用这些投入和他的销售业绩进行比对,可以在销售队伍中快速建立起一个费效比对指标,这个指标可以帮助我们"拨开云雾见天日"。因为这个数据可以对每个销售员的业绩有个真实的评价。我们要养成看销售员费效比的习惯,而不是仅仅看业绩的绝对值。

费效比的计算公式是:

$$ROI = 投入 / 产出$$

按照这个公式,显然 ROI 值越低越好。

表 4-5　销售员费效比分析

	销售员 A	销售员 B	销售员 C	销售员 D	销售员 E
费用	20	25	35	45	30
销售额	50	60	80	100	80
费效比	0.4	0.42	0.44	0.45	0.38

由表 4-5 可以看出,如果不分析销售员费效比的话,在这五个销售员中,显然销售员 D 是业绩最高的,但通过比对费效比分析结果,我们可以看到,销售员 E 的数据表现出更低的费效比。这就是销售管理所孜孜追求的少投入高产出的业绩目标。

除了用费效比来比对每个销售员的实际业绩外,销售经理们也可以进一步针对费效比较高的销售人员,量身订制业绩改善计划,看应该在哪方面对他进行费用控制,或指出他业绩取得过程中需要改进之处,从而使得整个团队的销售业绩健康可持续发展。

4.5　客户拜访

客户拜访是销售人员的日常工作,很多时候我们并不十分重视每一次拜访,认为是例行公事,不就是讲个 PPT 介绍,然后回答一些客户提问吗?

我原本不打算把这一节写在营销管理内容里面来,因为这是销售技巧层面上的事,不是管理层面上的事。可是后来我发现,正是因为管理层面忽视了这个看似基本的工作技巧,没有注意到这是营销管理框架的组成部分,从而导致客户拜访的实际效果非常低。

PPT 介绍和回答客户提问很重要,但走访前的缜密思考、走访中的效率提高和走访后的记录及回顾一样起着不可忽视的作用。这些都是营销经理们日常管理应注意的细节,应该帮助销售员们养成一个良好的工作习惯,这对于日常团队运作管理、工作氛围养成具有不可忽视的意义。营销经理们也可以据此来和销售员进行工作回顾和工作展望,可使用前文所述每月沟通记录表。

首先,我们需要知道,有些走访是临时起意的,但大多数走访还是有安排有计划的。走访分陌生拜访和在洽谈客户拜访,当然也有售后回访和投诉处理拜访。不管

第 4 章
怎样做好"头狼"

哪种拜访,首先要明确本次拜访的意义和目的,以便准备PPT内容,携带宣传资料、各种结论报告或者产品样品。针对不同目的或交叉目的的拜访,每次必须了解的内容或可能被提及的问题,销售员也应事先做好准备,以免拜访时可能会由于凌乱而忽视或遗漏。

其次是拜访中的效率问题。没有经过事先考虑的拜访,其效果可能过于"单薄"。这里用"单薄"来形容一个没有思考的拜访行为,是因为大多数拜访有着单方面的起因,但其实你可以通过一次拜访达到多方面的目的,也就是本书后面要提的拜访的宽度和深度。比如陌生拜访的目的就是建立起联系,可能还达不到进一步洽谈的程度,但既然来了,尽可能地多接触客户不同部门的人员可能是个很好的习惯,这样就为你的第二次拜访提供了更多的接触面。如有可能,也不妨建议见一下客户的高层人员。

这里要详细谈一下拜访宽度的问题。对于大部分制造业企业来讲,一般来说,第一宽度的拜访,目标就是要接触客户的采购和技术人员,第二宽度的拜访应该延伸到对方的生产和质量人员,第三宽度的拜访就是接触客户的物流和仓储人员甚至财务人员。

有可能你第一次拜访就进入了后两级宽度层面,说明你拜访的效率很高,而如果你经过若干次拜访,甚至业务已经开展了,但你仍没有接触到后两级人员的话,说明你接触客户的宽度不够。没有足够宽地接触客户,你的各项谈判会受到局限,你的客户信息来源会很单一,你在客户采购战略中还没有达到一定的位置。在营销管理框架里,营销管理者应当适时提醒销售员需要做好拜访宽度步骤,因为我们通常可以通过这些方面来观察销售员影响客户采购决策的能力。

除了要考虑拜访宽度问题,我们还要对客户接触深度进行思考。有了足够的接触宽度,我们等于在客户那里建立了一个很好的沟通平台,客户信息来源渠道会变得足够宽泛,但这些都还不足以帮助我们在各种复杂商业环境下处理各类事件,也不足以支持我们获取充分的数据来帮助我们做"客户份额分析"。所以,我们还需要得到足够的客户深度。客户深度远比客户宽度来得复杂,如果我们能系统地得知客户内部各组织结构之间的关系、各种不同事件的主要决策群体,以及获邀参与客户的各类产品研发过程,那么就可以认为我们已经获得了一定的客户深度。

最后是拜访后。拜访后要写好走访报告。走访报告很重要,但很多人并不以为然,我相信大多数的销售员都比我聪明且记性好,但大脑形成的记忆,其逻辑一定没有书面来得强,条理也是模糊的。书面报告目的不是为了简单的汇报,而是为了梳理后获得更清晰的记忆,里面可以记录每次参会人员名单、洽谈内容,甚至报价的前后变化过程,或投诉时对方的诉求。相信我,日后你回看这些内容时一定会有不少新鲜的发现。

以上这些看似浅层次的内容,其实背后蕴含着,营销经理应该事先帮助销售员建立一个拜访体系,并生成相应文件,如果本单位质量管理体系完善的话,还应该有个文档编号。这个体系应该能梳理拜访前、中、后销售员应考虑的所有问题,作为一个对营销经理和销售员都有益的拜访助手。

4.6　突破业务平衡点

有研究表明,B2B 业务中,供应商切换相比商业零售之类的 B2C 业务来得不易,我们在这里用业务平衡思路来理解这个问题。

一个供应商在客户采购体系里面如果稳定维系一段期间,我们就管它叫业务平衡。也就是说,这个供应商提供的产品在此期间体现了影响客户购买的不同力量的平衡。它平衡了客户性价比选项,因此占据了一个合适的采购价值估值区间;它平衡了客户采购体系现有供应商的竞争力,因此占据了和其相适应的客户份额;它平衡了波特的五力模型,因此它存在于客户现有采购体系中;它平衡了客户对产品的购买倾向,因此它存在于客户的运营体系中;它平衡了客户对不同供应商的感知价值,因此它存在于客户采购决策组织的认知中……

图4-4 平衡只存在于一个稳定的业务期内

当然,事物都是发展的,各平衡角力也会随着发展而变化,在平衡不能继续维系的时候,就是业务可以切入或转换的时机。

下面是几种能够打破平衡的机会:

- 推出新项目(或新机型)
- 竞争者的产品出现严重缺陷或经营转型

第 4 章
怎样做好"头狼"

- 客户推出年度采购降价策略(saving)
- 客户发生兼并收购
- 客户采购战略变化
- 客户采购决策组织发生较大变化
- 供应链存活周期的自然淘汰
- 客户内部运营组织(生产、技术、采购及高层)的力量平衡出现变化

以上几种情况只是列举出来作为参考,实际情况千变万化,各行业各产品都有不同的机遇和挑战时机。

最主要的是,在你打算开拓自己的业务时,面对本身已经平衡的业务环境,怎么才能说服客户购买自己的产品或提高自己产品的采购份额?

首先,时机(Timing)很重要。

在业务切入时机不成熟的情况下,你硬要客户接受你的产品,结果只能是碰个头破血流,使其对你的信心丧失,严重的还会贻误时机。评估你现在所处的业务背景,判断业务切入机遇是一个优秀营销经理应该采用的思维路线。大部分时候,我们会进行惯性思考,客户没考虑我们的产品或服务,我们一般会想到的是有可能我们的价格贵了,有可能我们品牌没对手的响亮,有可能我们和客户私下的关系没建立起来。然后就会一直在这些惯性思

维下绕着错误的目标团团转。

这些问题确实可能是影响我们业务切入的因素,但并不是关键因素,关键因素还是变革的时机没到。只有到了变革的时机,客户才会开始正式和你进行一系列的磋商,其他都只是变革前的等待和布局。

其次,在布局中创造机遇。

下围棋时,在面临不利局面的情况下,有时候为了打破双方在全局上的平衡,不得不在对方势力范围内作战,并受到对方攻击,通过"孤棋"的存活,达到破坏对方大形势的目的,使局势向有利于自己的方向转化。这样的情况下,受对方攻击的棋就是"孤棋","治孤"就是巧妙利用对方的棋型缺陷和薄弱环节,将自己的"孤棋"进行妥善、高效的处理,这是围棋的一种高级战术。"在治孤的时候,同样离不开积极的态度,做眼固然重要,但光会忍气吞声地做眼是不够的,不妨以强者的姿态出现,积极地抓住对方棋形上的弱点,在很多时候,活路也正存在于此之中。"这是著名韩国旅日超一流围棋棋手赵治勋的经验总结。

现实销售工作中,在还没有头绪找出影响客户业务平衡点的时候,多观察多布局就是营销经理该考虑的事。谈到客户拜访分析和计划,其实涉及很具体的布局思路。

第4章
怎样做好"头狼"

在我们日常拜访中,多增加和客户的接触宽度和深度,多方面掌握客户信息来源,就是一个很好的布局开始。接触宽度是你在客户那里能接触到的部门和人物,接触深度则是你接触到的关键人物的级别。

如果你一直只在技术和采购人员当中周旋,你得到大部分的信息被过滤的程度会很高,往往你得到的信息是有选择性的。但如果你的接触宽度够大,信息被过滤的难度就会提高,很多时候你可以从他们甚至有些矛盾的信息透露中得到你想要的最接近真实的信息。

所有你能接触到的宽度都是平衡点分布的地方,足够的接触宽度和深度能够帮助你找到在这些平衡点上各股力量的大小和可能突破的间隙,发现这些间隙,然后使劲钻进去。比方说你从生产经理甚至车间主任那里可以了解到他们对现有供应商产品性能的不满;从质检那里可以了解到进货每批次抽验的不合格比率;从物流那里可以了解到现有供应商发货周期、其对包装上的不满……这些不满可能就是当前业务平衡的某个突破点。

最后,靠敏锐的商业嗅觉找到平衡突破点,发起攻击。

发现了这些不满之处,在机遇到来或成熟时,利用自己之前的布局,向影响采购决策的管理组织发起进攻,果断出击，往往能收到事半功倍的效果。

很多时候，客户采购人员没有主动切换供应商的意愿，一是切换供应商有很大的采购风险，二是目前处于力量平衡阶段，没有新项目上马，各供应商之间的份额也在客户合适的估值区间，变动较大的话，会给自己增加很大的工作量。

举个深刻的案例，我之前接触过一家制冷行业的客户，前期由于采购经理一直不冷不热，很难找到突破口，于是我就慢慢静下来，开始缜密布局。我先是找机会接触对方的研发部门，配合他们进行一些新应用的开发工作。在几次接触下来，对方觉得我们的产品有他们需要的核心开发技术，因此尝试做了一个新项目的样品开发，并有机会提交对方国外总部进行组装和疲劳测试，这个测试进行了一年。一年以后，情况发生很大的变化，采购经理离职了，测试结果也下来了，完全合格。于是抓住这个切入点乘胜追击，马上就快速进入了供应商审核程序，商务谈判也得以顺利开展，也就是说前期的铺垫为关键的平衡点切入打好了扎实的基础。

在等待中找寻可能的切入点，并在时机成熟时向客户提交已经准备好的解决问题的方案，就能很快说服客户，达到很好的效果。采购也有了变革的理由，技术也有了接纳你的准备。这就是突破业务平衡点营销思想的基本原理。

4.7 营销流程再造

业务流程再造(Business Process Reengineering, BPR)是对企业流程进行根本性的重新思考和彻底的重新设计,以实现企业的各项关键性能,如成本、质量、服务和速度等获得极大的改善。[①] 这个概念是1993年迈克尔·哈默(Michael Hammer)和CSC管理顾问公司董事长钱皮(James Champy)在合著的《公司重组:企业革命宣言》一书中提出的。他们指出,两百年来,人们一直遵循亚当·斯密的劳动分工思想来建立和管理企业,即把工作分解为最简单和最基本的步骤;而目前应围绕这样的概念来建立和管理企业,即把工作任务重新组合到首尾一贯的工作流程中去。营销流程再造(Marketing Process Reengineering, MPR)正是基于这个理论而开展的。

生产制造有多道工序,最终完成一个产品。销售工

[①] See M. Hammer, J. Champy, Reengineering the Corporation: A Manifesto for Business Revolution, London: Nicholas Brealey Publishing, 1993, pp. 33—34.

作也一样,要完成一个订单,从接单到落单,从内部下单到发货,再从客户验收到付款或走投诉流程,每一步都凝结了销售人员的辛勤工作。我们以美国通用电话电子公司(GTE公司)对售后服务的流程改造为例来看营销流程改造会起到多么大的作用。

20世纪90年代,GTE公司运用"一人包办"的思路对其维修流程进行了改造。

该公司原来的维修流程是:

用户报修→① 承修员通知→② 线路检查员检测、反馈→③ 公司总机技术员汇总→④ 调度员查索、分配→⑤ 服务技术员最后完成修理任务

经过简化以后,新的维修流程是:

用户报修→① 维护员检查线路、查找问题、进行修理,如果无法马上解决→② 服务技术员进行特殊修理

对比新旧流程可以看出,原来的程序需要多道转手,时间耗费在交接上,占用人力多,用户也不方便。新流程打破部门分工,直接依靠具备综合知识的维护员,在计算机网络支持和专业知识指导下就可以完成原来前四道工序的大部分工作,只有在维护员无法马上解决问题的情况下,才求助于更资深的服务技术员,这样可大大减少交接时间,使得原来需要几个小时甚至几天才能完成的工

作,现在只需几分钟就够了。因此,流程简化以后,流程效率提高了,顾客满意度也得到了极大的提高。

营销流程再造包含以下几方面内容:

(1)是销售组织结构的改造

每家企业组织设置都遵循自己的规则,图4-5、4-6仅是参考,目的是要说明,大多数时候,营销流程再造伴随着组织结构的再造,甚至会牵涉到其他相关部门的机构设置,因为营销流程再造是为了"把工作任务重新组合到首尾一贯的工作流程中去"。如果流程改造只是变更了业务几个步骤,没有任何岗位重设、架构重建,那就叫流程优化。

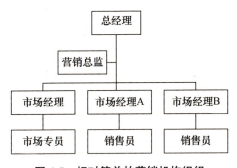

图4-5 相对简单的营销机构组织

(2)是业务顺序的改造

企业的经营过程其实就是输入各种资源,产出客户感知价值的过程。输入和产出过程中有些是先后顺序关

热销
SELLING

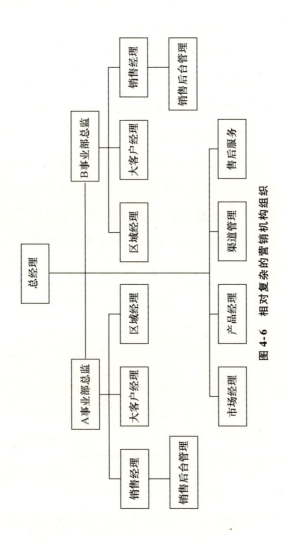

图 4-6 相对复杂的营销机构组织

系,有些是平行顺序关系,没有理顺顺序就会浪费很多不必要的时间,降低效率。这些业务关系的发生,以销售为接口,大致可以分为三个对应的交换主体:客户、销售和内部运营(也可以延伸到供应商),所有的流程在这三个主体间开展双向信息交换,流程也因此产生。

(3)是以客户管理为改造主线的改造

MTO 有些生产运营可能比较复杂,特别是备料、排班、让线等,是一项严肃的统筹科学。但再复杂的运营过程也是最终为产出客户感知价值服务的。如果不遵循客户管理主线原则,不遵循劳动分工原则,整个流程就是分散的、片段的。串不起整个业务过程的流程一定不是好流程,不管这样的流程可以节省多少运营成本。偏离了改造主线就是本末倒置,会使改造失去改造的全部意义,客户满意度不升反降,客户感知价值不增反减,是很危险的事。

(4)是渐进式的改造

营销流程再造不是一蹴而就的,而是循序渐进,日益完善的。我们不要寄希望于聘请第三方,花巨资一夜打造出一个优秀的流程来,任何专业流程改造第三方只能给你进行诊断和提供一个方案建议,这个建议是否适合你的业务?怎么实现这个建议?要投入多少资源来进行这项改造？产出效果如何？是否符合你公司的企业文化？这些都需要营销管理者仔细考虑评估。一家企业的营销运营漏洞，需要平时不断发现，定期更新维护，靠实践来证明业务流程是优秀的。

  一个企业的营销流程是建立在整个企业运营体系上的，为此，本书在第一章就花了大量的笔墨来描述不同运营系统下的企业特点，目的就是为了让大家了解到营销管理是要去适应其所在企业不同运营大背景的。在流程改造上更是如此，根据企业运营体系的不同，营销管理体系可以大致分为两类，即推动型营销体系和需求拉动型营销体系[①]。推动型营销体系对应于 MTS 的运营系统，它承担了生产供给的商品量和实际市场之间的差异风险，是一种追求规模经济带来的大流通。而需求拉动型营销体系更对应于 MTO 的运营系统，它将销售信息实时传递给工厂运营部门，从而实现设计、计划、制造、物流等决策的一体化，它追求降低市场风险和避免成本浪费。

  营销流程再造的工作开展遵循"清除、简化、整合、自动化"的原则：

[①] See M. C. Bonney et al., Are Push and Pull Systems Really So Different? International Journal of Production Economics, 1999, Vol. 59, Issue 1—3, p. 53.

(1) 清除非增值的活动

营销过程中各部门之间的重复数据记录和处理、过度确认流程、繁琐的手续和单据往来,都是在要清除的范围之内。

(2) 简化必要的营销活动

清除过后,各活动环节是否就照旧了呢?对于留下来的那些必要的营销活动,要尽量简化,使其易操作。

(3) 整合营销活动

传统公司的部门多按劳动分工设置,流程改造的目标是将原本隶属于不同部门的职能人员,通过营销任务相关性尽可能地组织起来,通过跨功能组织等方式由原本的串联运行改为平行运行(参阅"2.3 好的组织结构是成功的一半"),从而提高营销效率,节省包括时间在内的各项运行成本。

(4) 营销流程自动化

现代的信息和网络技术可以帮助我们实现营销流程中的数据采集、传送、分析自动化,一方面可以减少人工输入和计算的差错,另一方面也可以加快市场反应速度。

因此,营销流程再造是以业务流程再造(BPR)为指导思想,以现代技术和管理理念为支撑平台,对营销全过程进行重组,使营销过程的各种因素综合集成,最终达到最优效应目的。

4.8 业务进度甘特图

销售经理手里掌握着每个销售员都在跟进的业务,这意味着一个人需要同时关注好几个业务的进展。督促并有效管理业务进程需要有个得力的工具,可以随时提醒你业务的进展程度,以便确认业务进展的各个阶段是否都在按计划按流程进行,这时候,我们不妨借鉴一下项目管理的好方法。项目管理有个工具叫作甘特图(Gantt Chart),通常 PM 或生产计划员会使用它,销售经理们也可以利用它来把握所有业务的进展情况,一目了然。

甘特图是基于作业排序的目的,将活动与时间联系起来的最早尝试之一。销售进程甘特图中一般可以把横轴表示为时间,竖轴表示为流程计划和实际进展的对比。

从图 4-7 我们可以看出,客户 A 某一单业务在 4 月中旬被确认并进入作业排序过程,计划在 6 月的第二周生产并于 6 月的第三周交货。实际进展比计划提前了约一周。

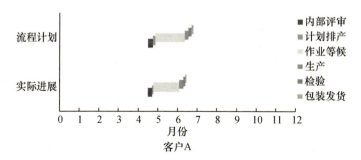

图 4-7 业务进程甘特图

这张图的制定依据是 4.7 节提到的营销流程,适合需求拉动型营销体系。根据既定的公司营销流程,我们可以把业务进展分为不同的步骤,就像图 4-7 所示,可以分为"内部评审—计划排产—作业等候—生产—检验—包装发货",也可以按照读者各自公司的不同流程自己确定营销流程环节,并在图上标示出来。

我们还可以在图 4-7 基础上进行演变,比方说可以将一个销售员手里的多个客户业务并在一张图上,这样方便查看;也可以将一个客户的几个业务合并在一张图里;还可以将回款和投诉处理进展增添到图里面,以便对业务实现全过程监管,等等。

推动型营销体系的流程基础是 MTS,整个营销流程有所不同,因此我们可以进行适当调整。

业务进展甘特图的主要作用和使用要点在于:

- 销售经理和销售员业务回顾和制订下一步计划的依据(可以结合表 4-2 使用)
- 年底作为业务按时达成率分析使用
- 分析实际业务进度和计划进度的差异,找出原因,制订行动计划
- 定期更新
- 作为销售预测的时间依据

4.9 销售员的关键能力指标 KCI

评价一位员工是否优秀,总的来说有两种方式。一种是对工作结果进行衡量,它属于绩效管理的范畴,很多企业较多地采用关键绩效指标法(Key Performance Indicator, KPI)。如果仅有 KPI,即完全以结果论英雄,只看重考核,不注重发展,不能充分发挥考核结果在人才培养发展方面的激励导向作用。基于这些原因,另一种对工作过程进行衡量的方式越来越受到人们的关注和重视,可以称之为关键能力指标(Key Competency Index, KCI),它来自于我们常说的"胜任力模型"。

说起胜任力模型,似乎就是人事部门的事,其实在日常销售管理工作中,营销经理依靠和管理胜任力模型,对

销售员的工作能力提升进行指导,对你所带领的团队的战斗力强弱的了解和配备,都有很大的帮助。

一般讨论胜任力模型,都会伴随着介绍一下冰山模型,我们来看一个图:

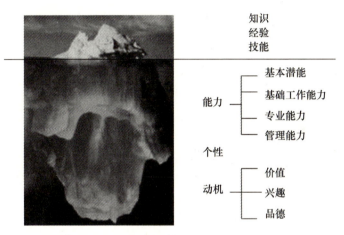

图 4-8　冰山模型

冰山模型的全部内涵在于以下这个公式:

胜任力模型 = 任职资格(冰山以上) + 素质模型(冰山以下)

通常任职资格(冰山以上)是显性的,我们可以通过对考察对象的工作履历和相关证书制订硬指标来评定其是否能胜任相对应的岗位。而素质模型(冰山以下)是隐性的,需要我们通过平时工作的接触来深入了解和观察。

人事经理设计胜任力模型是为了职位设计、薪酬挂钩、面试招聘;而营销经理给团队建立一个胜任力模型,其主要出发点是为了对工作进行针对性指导、任务委派、培训提升、工作激励手段，并对自己所领导的团队有一个清晰的认知框架。

胜任力模型的建立和评估有专业化的体系和过程，如果你所在的公司有现成的销售人员胜任力模型或者KCI指标体系，拿来使用是最好不过的。如果没有，最好在人事部门的专业指导下，用较简洁的归纳手段建立，以方便工作的开展并且有区别于胜任力体系的制定，因为毕竟我们的目的只是拿来指导销售团队的工作开展和销售团队的组织建设。

一般来说，一个完整的胜任力模型由核心能力素质、通用能力素质和专业能力素质三个模块组成。以这三个功能模块作为依据来评定销售员在不同负责区域、不同产品、不同行业环境下的胜任能力，并加以权重分级，也就是要找出优先级别的胜任力因素并加以强化。

假如，我们按照以上提到的三个模块设定了销售员九项胜任力特征:核心能力素质(销售技巧、成就导向、主动性)、通用能力素质(人际理解力、团队建设、办公技能)和专业能力素质(学习能力、专业知识、解决问题的能力)，其中核心能力素质当然是优先级别最高的，也是权重系数最大的。按照这些素质因素确立下来的关键能力指标,所计算出来的分值,就可以作为 KPI 的补充部分。

按照以上分析出来的胜任力因素,我们就有了一个 KCI 指标,这个指标用表 4-6 来反映:

表 4-6 销售员关键能力指标 KCI

		Kim	Kevin	Ben	Lisa	John	Vincent
核心能力	新客户开发能力	3	4	3	2	3	4
	老客户挖掘能力	2	3	2	2	2	4
	工作主动性	4	4	4	3	3	3
	受挫能力	3	3	4	3	3	4
权重	0.6	7.2	8.4	7.2	6	6.6	9
通用能力	工作关系协调能力	3	3	3	3	3	3
	各类报告完成能力	4	3	3	4	3	3
	团队意识	4	2	4	4	3	4
	时间管理能力	3	2	3	3	4	4
权重	0.1	1.4	1.1	1.2	1.4	1.3	1.4
专业能力	产品理解力	4	4	3	3	4	4
	投诉解决能力	3	3	3	3	3	3
	获取知识能力	3	3	4	3	3	3
权重	0.3	3	3.3	3.3	3	3	3.3
KCI 值		11.6	12.8	11.7	10.4	10.9	13.7

注:5 分——优秀;4——良好;3——合格;2——有待提高;
1——几乎没有。KCI 满分值为 18.5 分。

此表根据销售团队的能力需求,采用简单归纳法设立,不能用作公司其他业务部门层面的 KCI 体系,仅作为营销经理考察并管理销售员能力使用。

由表 4-6 可以看出,这是一个由 6 个销售员组成的小型团队,我们对这个团队的 KCI 指标按照核心能力素质、通用能力素质和专业能力素质 3 个模块进行识别,并分别按 60%、10% 和 30% 来分配权重,得到相应的 KCI 值。(可以按照各自公司不同情况来设置考察指标及权重分配)

KCI 可以帮助我们缓解唯绩效至上的功利主义所带来的企业文化建设缺失,将人们从目标管理上转移一部分视线到过程管理上,这样可以更好地帮助销售员找到自己与客户、自己与销售团队、自己与其他兄弟部门之间的沟通交流途径,从而为单一的业绩考核注入全面发展的含义。

KCI 可以和 KPI 结合起来运用,将所得评分,分别按照一定的权重计值,得出一个综合分值计入个人的考核指标中,作为销售员的晋升、加薪以及奖金发放等的依据。KCI 也可以和 KPI 分开统计,仅仅作为销售员个人能力提升及培训计划的指标参考,不作为奖罚依据。这些根据公司具体情况决定。

4.10 团队管理的跟车法则

驾驶员都有这样的体会,一个行进中的车队,要确保不出现掉队,不被车队外车辆意外分割,不迷路等,车队

第4章
怎样做好"头狼"

各个位置车辆要有很强的自身定位与全局思维。

一个车队基本可以分为领路车、中间车、尾车。领路车如果一味表现自身勇猛，出现擅闯黄灯，临时起意改变路线，没有预留前置时间提醒突然变道，后面的车一定方寸大乱；中间车如果没有和前车保持好一定车距，一味紧跟或不考虑尾车的反应时差，将会把自己变成尾车；尾车如果目光短浅，低头看路抬头看中间车，就一定会疲于应付，或被其他车辆加塞。

最差的状况就是领路车埋怨车队车技太差，没有跟上自己随性的节拍；中间车埋怨领路车没有清晰的路线，朝令夕改；尾车埋怨前车不顾及跟车的困难，既然跟不上就自己干自己的。这样一定不是一个好的车队。

为了避免出现这些状况，最好的解决方法就是领路车出发前一定要将此行的目的地告诉整个车队，在临时改变路线或变道前要放足提前量，闯黄灯前要考虑到那些跟随的车辆是否有充足的时间跟你一起闯；中间车承前启后，要及时将前车的意向传达给尾车，掌控好整个车队的行进节奏；尾车对目的地要有明确的方向感，不要让车队外的其他车辆有加塞的可能性，即使暂时落后也要知道在下面哪一站可以追赶上车队。

以上所说的这些你一定不会觉得陌生，是的，事实上

热销
SELLING

企业里随处存在的官僚主义、亦步亦趋、唯马首是瞻等恶习都会把一个奋勇向前的团队搞成一锅粥。这些传统的管理价值观显然已经不适合一个现代企业的运营,也是团队执行力出现偏差的重要原因。

  员工不是算盘珠子,管理者也不该做拨弄算盘的巧手、救火队的大队长。工作中的管理者更多应当充当的是教练的角色,告诉员工要达到的目的和基本手段,明确团队目标,进而提高团队成员的主观能动性,这是团队执行力不出现或尽可能少出现偏差的保证。

  我们常常把执行力挂在嘴边,仿佛执行力是队员的能力或态度问题,事实上,执行力差是现象,管理不善才是本质。个别员工执行力差是能力的问题;团队整体执行力偏差一定是管理的问题。通过工作中大量的观察我们得知,执行力出现偏差轻则体现为官僚主义,工作效率低下;重则会严重影响企业战略目标达成,给企业造成严重伤害。执行力出现偏差大概有以下三方面原因:

  (1) 工作流程看起来严格,其实造成执行层面效率低下。H公司有严格的费用申请制度,一般来说,一笔费用的支出需要由申请人填妥申请文件,交经理批复,再经总监批准,并给分管副总审阅,交财务总监签字,最后到老板那里最后批准。看似合理的申请流程真的像设计的那样能运行无误吗？事实上,这个申请单在总监的办公桌上被搁置了两天没好意思去催,第三天总监出差了,大概过了一周回来签字后转到副总那里;副总及时签发并转到财务总监那里,然后放心去国外开了15天会;财务总监并不清楚这份申请的重要性和必要性,也不去求证,于是等副总回来后解决。最后,这个申请经过了将近一个月的时间,终于批下来了,但是原本的计划已经过时了,不需要这笔费用了。申请者从一开始要不断地解释为什么需要这笔钱,然后又要不断地解释为什么不需要,解释用了一大堆理由,多次下来工作积极性会被慢慢消耗。

(2) 不知道干什么,工作目标不明确。很多公司没有明确的能够落实的战略规划,也没有明确的营销策略,甚至没有阶段营销目标,使员工得不到明确的指令;也有的公司营销策略制订不符合市场需求,员工只好自己根据实际情况自搞一套;更有些公司政策计划经常变,策略反复改,再加上沟通不畅,使员工们很茫然,只好靠惯性和自己的理解去做事,这样就使员工的工作重点和公司脱节,公司的重要工作不能执行或完成。

(3) 不知道怎么干,没有好的工作方法。这可能由两方面因素引起:一是营销部门没有对员工就产品、客户、营销技巧进行系统培训,营销人员对工作没有清晰认识;二是管理者自身能力素质就差,遇到问题自己也没有科学的解决方案,经理不清楚,总监没办法,于是销售员几乎处于自生自灭的工作状态,管理者变成了绩效考核员,而不是绩效管理者。

这里要介绍一下 DELL 公司的"太太式培训"销售。"太太式培训"要求销售经理要像太太一样不断地在新人耳边唠叨、鼓励,才能让销售员形成长期的正确的销售习惯,培训由培训经理和销售经理一起完成。销售员在一段时间内的工作状况不仅向直线经理汇报,同时还要抄送培训经理。培训经理除了负责安排传授销售技能,还要跟踪重要业务的销售过程,并且阶段性考核销售团队的业绩(每周给销售员排名,用 e-mail 把排名情况通知他们。没有压力就没有动力)。销售经理则承担教练和管理者职能,通过指导销售员在终端的执行,达到提高业绩的目的。Dell 通常会先进行为期 3 周的集中培训,由专家讲解销售的过程和技巧,邀请资深销售人员来分享经验。每周末召开会议,销售经理与培训经理都参加,检查销售员上周进度,分析工作中出现的新的销售机会,制订下周的销售计划。这样,销售经理与培训经理、销售员一起讨论业务的成长和下一步的走向,最终"太太"在工作中能够自觉指导属下销售员运用正确和科学的销售技巧,及时鼓励员工并有效管理员工。"太太式培训"的效果非常惊人,用数字可以说明,没有"太太式培训"的时候,销售员第一季度平均销售为 20 万美元;经过这样的培训后,销售员在第一季度的平均业绩达到 56 万美元,远远高于以往的季度平均销售额,而近几年 DELL 的销售代表每季度平均销售额是 80 万美元。

我们可以把团队管理者比喻为车队领跑者,走在前面的管理者如果随心所欲,不考虑跟在后面的员工的实际情况,很可能会出问题。而如果采取 Dell 的做法,让每个销售员清楚明白自己的前进目标、目前自己所处的位置、未来努力的手段和方法,可以想见这样一支队伍会有多么强大的战斗力。

这就是管理上的跟车法则。在一个团队里这个法则常常无处不在,因为信息的不对称,团队成员在工作开展中的地位和思维角度各有不同,明白了跟车法则,就明白了企业前进的思维调整和自我角色定位。

4.11 团队激励

应该怎样做团队激励,每个人有自己不同的理解,不同的激励因素对于不同企业所产生影响的排序也不同，这由企业文化决定。虽然激励因素和方法千差万别，但都有一个普世的原理，就是以人性为出发点。

美国的行为科学家弗雷德里克·赫茨伯格（Fredrick Herzberg）提出了双因素激励理论，又叫激励因素—保健因素理论。这个理论主要围绕两个问题展开：在工作中，哪些事项是让员工感到满意的，并估计这种积极情绪持续多长时间；又有哪些事项是让他们感到不满意的，并估计这种消极情绪持续多长时间。赫茨伯格以对这些问题的回答为材料，着手去研究哪些事情使人们在工作中快乐和满足，哪些事情造成不愉快和不满足。结果他发现，使职工感到满意的都是属于工作本身或工作内容方面的；使职工感到不满的，都是属于工作环境或工作关系方面的。他把前者叫作激励因素，后者叫作保健因素。

营销是一场长跑，短暂的激情成就不了事业，销售员的工作激情又总是来去匆匆转瞬即逝。管理和促进销售员持续保持激情的工作方法，我们称作团队激励。按照双因素激励理论，激励的规律其实很好找。

激励需要注意三个层面：物质激励、成就导向激励、情感激励。不过，有时我们也会感到很困惑，因为在这三

个层面上激励做得最彻底的是传销组织。分析一个传销组织的激励手段,我们可以看出:

第一,组织里总是有几个被树立起的成功标杆,号称顶级上线,年收入百万亿万的。

第二,他们的成功你可以复制,只要你紧跟他们的步伐。

第三,组织成员大部分都是社会的弃儿,在这里可以找到情感归属。

可以说,激励的三个层面在传销组织里都能找到它们的影子。但如果你的营销团队赖以维持的激励体系也只停留在这样的理解和执行层面上,激励效果很可能不尽如人意,甚至会出现反向激励效果。

那么,怎样来正确理解这三个层面的激励呢?

(1) 物质激励不等同于强盗分赃

物质激励是营销组织激励不可缺少的手段,实行物质激励要意识到它是一把双刃剑,它有可能由此激励团队成员奋勇向前,也有可能是对其他成员的打击。所谓的分"赃"不均引起的内讧,对一个组织的摧毁作用最大。因此,物质激励千万不能凭领导的一时豪情冲天,而要靠一个完整的奖惩系统并配合好的企业文化氛围。

(2) 成就导向不等同于成功学

这个时代,洗脑的成功学"大师"辈出,每个"大师"都会把自己塑造成"神",然后告诉你怎么从零起步达到成功的彼岸。在这里,成功学告诉你的好像就是"成功"速成法,然后你交了钱,被灌了一肚子的鸡汤。我们这里说的成就导向激励是基于可实现的目标,靠计划和辅导达到组织内的成功,并在销售员达到预先设定的目标后,给予明确而肯定的激励。

IBM公司里就有一个"百分之百俱乐部",当公司员工出色地完成他的年度目标时,他就被批准为该俱乐部会员,他和他的家人会被邀请参加隆重的集会。结果,公司的雇员都将获得"百分之百俱乐部"会员资格作为第一目标,以获取那份荣耀。

对于员工不要太吝啬一些头衔、名号,特别是当这样一些名号、头衔可以换来员工的认可感时。日本电气公司在一部分管理职务中实行"自由职衔制",就是说可以自由加职衔,取消"代部长""代理""准"等一般普遍管理职务中的辅助头衔,代之以"项目专任部长""产品经理"等与业务内容相关的、可以自由加予的头衔,以表彰他们在工作中取得的成就。

第4章
怎样做好"头狼"

（3）情感激励不等同于甜言蜜语

情感激励就是通过强化感情交流,让员工获得感情上的满足。沟通和交流是情感激励的基本手段,除此之外,关怀、聆听、理解、宽容、认同、赞扬等等都是其组成部分,按照不同的企业场景合理运用,运用得好,不光是激励,也会起到团队胶合剂的效果。反之,在企业搞一言堂,强势命令,唯 KPI 管理,或使用蛊惑手段,恐怕这个队伍带起来就像散兵游勇,难以成器。

肯定与赞美是最强有力的情感激励方式之一,而且不花钱。连拿破仑都震惊于肯定与赞美的效果,有人告诉他,为了得到这位皇帝的一枚勋章,他的士兵什么英勇行为都可以做得出来。拿破仑惊讶地说:"这真是奇怪,人们竟然肯为这些破铜烂铁拼命!"

我们很多企业管理者不会赞美激励,只会批评,他们认为表扬会使员工骄傲,甚至日常生活中都懒得赞美一下自己的妻子,赞美的言语已经成了奢侈品。于是我们就见到太多被领导训得灰头土脸的员工。试想,一直在这种灰色情绪下工作,每天战战兢兢,又如何要求员工做出好的业绩?我们需要问一问每个领导:今天你称赞过你的员工吗?或者你已经多少年没有称赞过员工了?是否因为你从来没有得到过领导的表扬,所以你把这种负面情绪传递给了你的下属？为什么不开始尝试把负面情绪到此为止，开始赞扬员工的工作？

企业在管理员工时往往会遇到这样一个难题：是以激励为主还是以惩处为主？这涉及管理学中的 X 理论和 Y 理论，即把人的本性看作是向善的还是向恶的。这里我们暂且不去讨论这两个理论，事实上，在具体的操作中往往是二者并用，做到赏罚分明，激励和惩罚并用。

好了，在理解了激励的因素和激励的三个层面后，我们知道了我们所说的激励和传销组织激励手段的区别，科学的激励手段实施步骤是这样的：

- 预先识别各自企业的激励因素；
- 根据激励双因素原理加以区分；
- 将激励和保健因素贯彻进公司企业文化建设和员工满意度调查体系中。

第 5 章

亲兄弟一定要算好账

SELLING

整体营销(Total Marketing)是由市场营销学界的权威菲利普·科特勒提出的。他认为,从长远利益出发,公司的营销活动应动员构成其内、外部环境的所有重要行为者。营销活动主力团队是营销部门,但对于构成公司业务环境的内部行为者来说,其他和生产经营有关的部门都应该是营销活动的组成部分。

实行整体营销需要对传统上各个职能部门各自为政的做法加以改变,甚至需要改变某些职能部门的设置。在市场营销中,要让技术开发部门根据客户的需要开发人们愿意购买的商品;让财务部门按照经营活动需要筹集资金,补充"给养";让生产部门在客户需要的时间出产客户需要的产品,保证销售部门及时拿到合适的产品,采用客户习惯的方式,向潜在需要的客户进行销售。这样技术开发部门、生产部门、财务部门和营销部门就整合起来了,共同为促进产品的销售而高效运作好内部每个环节,形成整体营销的效果。

　　理想很丰满,现实很骨感。整体营销思路在现实中运行起来却困难重重:销售急着签合同;生产说悠着点儿,我再研究研究可行性;计划说啥时候排产根本不清楚;物流说今天发货是不可能的,起码要再等两天;客户投诉时品管说质量肯定没问题,是客户有问题……看起来是本位主义在作祟,但仔细一想还是 KPI 在里面搞了不少鬼。

　　为什么说是 KPI 搞的鬼呢?

　　KPI 设计出发点是 2/8 原则,并把企业的战略目标分解为可操作的各项具体工作目标,它是衡量各职位工作绩效的指标。

　　KPI 体系的实质就是以结果为导向的"目标管理",体系的一切关键指标设计最终都是为了实现企业的战略目标。我们谈到目标管理,最大的误区就是只看结果不问过程,于是 KPI 盲区就有机会出现了。

　　这里所谓的 KPI 盲区,是指看着有条有理的科学的 KPI 体系,很多时候会给我们带来工作上的阻碍,因为每个部门每个岗位只牢牢盯着和自己相关的 KPI 指标,其余的一概不管不问,很大程度上和管理者把"我只看结果"天天挂在嘴边有直接关系。

是的，结果真的很重要。

但如果不看过程，怎么保证结果呢？

过程控制是目标结果的保障，在过程控制中不断地纠偏、优化、改善，这些本身就是管理的内容，也是管理者存在的意义。唯僵化的指标为上，而忽视部门和部门之间的协同主动性，避免输入端和输出端流转的刚性衔接，这些都是 KPI 盲点覆盖区域。

例如，一家精密钢管制造公司的货物运送交给第三方处理，由于是大件货品，运输成本占了企业成本很重要的比例，物流部经理的 KPI 考核表里有运费降幅比率，公司规定今年的平均运费要比去年下降 5%。于是问题来了，以往销售部门的急单，物流部门都会安排当天快件发送，现在物流部门不干了，当天快件一律不发，能走拼车的坚决不单独发车，这些都给销售造成了极大的困扰。

这样看来，一个企业内部各个部门的业绩指标不是绝对孤立的，所有数据之间都是有直接关联或间接关联的。对财务来说，难道成本控制不要了吗？对营销部门来说，难道销售业绩不要了吗？看来很矛盾，都不能舍，这是因为，我们没有搞清楚一件事：我们谈的是绩效管理还是绩效考核？这是两码事，一定要分清楚。

热销
SELLING

5.1　KPI 盲区分析和改进

很多公司都死在了 KPI 上，著名的有索尼。索尼前常务董事天外伺郎的文章《绩效主义毁了索尼》2014 年很火。事实上，从绩效考核与管理的角度看，索尼不是因为绩效考核导致失败，而是因为绩效管理缺乏系统性、整体性而失败。

在天外伺郎的文章中，我们可以充分感受到他本人及公司上下对于技术研发的重视和关注，但很少把着眼点放在外部的市场和客户需求变化上，体现不出以销售驱动的战略变革，体现不出对员工的辅导、持续激励和关注。这些恰恰是绩效管理的关键和活的灵魂。

作为一名常务董事，天外伺郎潜心于研发工作而不是市场和客户需求变化，潜心于秉承总裁的经营管理意图而不是对接日新月异的消费需求。这种"唯技术"和"唯上"的文化，导致的直接结果是索尼被新技术替代，本质上是技术领先后对市场对客户的漠视。从战略绩效管理体系角度看，对客户、市场、员工关注不够的索尼的平衡记分卡并不平衡。从卓越绩效管理体系角度看，除了生产过程管理、数据信息系统这些日本企业的传统强项外,公司领导层对客户的忽视导致的战略僵化,忽视对员工的有效激励和信心提振,最终导致了企业业绩的失利与崩溃。一句话,索尼的失败不是简单的因为实施了KPI,而是忽视了对KPI中的客户、市场与员工的关爱,恰恰是败在绩效管理的不足上!

以市场和客户为导向,以关爱客户关爱员工为出发点,以战略解码为基础设计KPI(不管你叫不叫KPI),制定绩效考核管理措施,是当下所有优秀组织推动管理改善和绩效增长的成功经验和不二法门。

不完善的KPI是因为其有设计盲区,形成的原因在于:

(1) KPI数据是孤立的,各部门之间的KPI没有或没有清晰的关联逻辑。

(2) 部分指标不该被量化而被量化。管理大师彼得·德鲁克于1954年就提出了管理必须遵循SMART原则,即S代表具体(Specific),绩效考核要切中特定的工作指标,不能笼统;M代表可度量(Measurable),绩效指标是数量化的,验证这些绩效指标的数据或者信息是可以获得的;A代表可实现(Attainable),绩效指标在付出努力的情况下可以实现,避免设立过高或过低的目标;R代表相关性(Relevant),绩效指标是与工作的其他目标相关联的,是与本职工作相关联的;T 代表有时限(Time-bound),注重完成绩效指标的特定期限。根据 SMART 原则,没有量化的指标就没办法建立考核标准,但一旦把一些不能或不宜量化的指标量化了,麻烦也就来了。

  比方说前述精密钢管制造公司的物流部门,今年的考核内容中有平均每吨运费下降 5% 这样一条。为了达到这个目标,物流经理实施的主要对策是所有的加急件一律不发。这使得销售部门的很多货无法正常发出去,常常被拖滞 1—2 天发送。结果是销售部门和物流部门闹得不可开交。

  显而易见,这样的 KPI 弊病不少。我们总结了 KPI 可能带来的一些负面影响:

  第一,失去提升细节的原动力。有了 KPI,生产为了追求成品率而抵触新产品开发,物流为了节省成本而选择忽视发货节奏。

  第二,为达到表面绩效提升,掩盖长期问题。KPI 是短期指标,很多工作则是基础性的、长期性的,不能立刻展示结果,于是不少人为求考核中得到高分而不惜掩藏深层次的问题,等问题显露出来了,原来岗位上的人则可能早已调离或升迁了。

第5章
亲兄弟一定要算好账

第三,不利于团队合作。很多资源必须跨部门才能整合,就如前面提到的整体营销,但谁又能为整体利益而牺牲自己的KPI呢?工作遇到的阻力可想而知,于是,需要跨部门资源而获得成功的产品很少。

国际知名质量管理大师戴明(William Edwards Deming)也认为,目标管理会危及企业的长远利益和持续发展,目标管理事实上会变相降低对"管理质量"和"产品质量"的标准和要求。根据戴明的研究,出现的绩效问题中约96%是由系统原因造成的,只有4%的原因是由个人造成的。所以,出现问题时更应该从系统和流程上找原因,而不仅仅从个人的绩效上去判断。

制造企业因为其特殊的作业流程使得KPI更深层次地暴露了其局限性,很多不能量化但硬被量化的指标带来的缺陷显露无遗,参照4.9节提到的KCI理论,我们可以得知,依靠过程管理建设来建立良好的企业文化的同时,管理者也可通过科学的方法提升销售员的能力,以此来覆盖KPI管理盲区,避免KPI对企业成长的生拉硬扯造成的破坏效果。

使用KPI用来考核员工和部门绩效,一定要在一个相对清晰的企业战略框架下,依靠相对完善的企业组织结构和已有的良好的企业基础管理(包括人力资源管理、成本管理、采购管理、营销管理、企业文化管理)等,只有这样,才能有效实施 KPI 管理体系。

我们在第 2 章提到:流程优化(改造或重建)、企业文化建设是解决 KPI 盲区这一问题的有效途径。这是两帖猛药,帮助改善企业基础管理,然后我们才能在 KCI 的帮助下重回到 KPI。

很多中小企业很可能会觉得这样做太麻烦了,改造成本太大,牵扯精力太多,喜欢盯着财务性指标看。这可以理解。如果秉持这样的想法,实不实施绩效管理都可以,不过在实施以前,若能借鉴平衡计分卡的管理思维方式,兴许是解决问题的方法。

针对很难量化的岗位,比较适合的考核方法是行为考核法。

行为考核法,即以员工的行为作为衡量的基础,评价哪种行为是正确的或是有效的,对于错误的或者无效的行为,进行指导改进。行为考核法的假设是企业的绩效是由员工的行为和外界环境决定的。由于外界环境很难去界定,所以抛开环境来说,员工好的行为必然带来好的绩效。

基于员工行为的考核法包括主观行为评价法和客观行为评价法。行为考核法的优点是:较为客观,考核者把关注的重点从难以评价的个人特征转移到具体行为上,有较为明确的观察目标和评价依据;考核者能够引导被考核者实施正确的行为,考核的行为应该是有利于实现企业目标的,应该是有效的,它能具体提出员工应该去做什么;有利于反馈,考核者可根据具体的行为向员工给出反馈,使他们知道什么行为是正确的;这种方法使用具体的行为维度,能够提供有助于员工改进绩效的反馈信息,其结果应用较公平。

针对中层经理,360度考核是一个很好的考核思路。

当然,任何考核方法都有优势也有弊端,根据企业所处不同的发展阶段、企业管理水准和岗位的差异,我们应该酌情选择不同的考核方法或结合起来。单一教条的考核,或者脱离了管理辅导的纯指标考核最终会害了员工害了企业。

5.2 销售预测

销售预测是在充分考虑未来各种影响因素的基础上,根据历史销售资料以及市场上对产品需求的变化情况,对未来一定时期内有关产品的销售发展变化趋势所进行的科学预计和推测。

市场营销需要销售预测。 这通常体现在年度营销活动的计划中。根据销售预测,营销计划中需要制订相应的新产品推广、促销手段和预算、销售渠道以及定价策略。

销售工作需要销售预测。 销售管理者需要给销售队伍的每位成员制定销售目标,具体按照行业、地域或产品进行划分,因此科学的销售预测会给销售目标计划的制订提供参考数据。

财务和会计需要销售预测。 财务和会计部门负责成本、利润和资金需求的估算工作,这些都建立在一定的销售预测基础上。

生产和采购需要销售预测。 与生产计划息息相关的是,工厂运营管理部门非常需要长期和短期的销售预测。长期的销售预测可以帮助用来进行厂房规划建设和制订设备购置计划,因为这些活动都会持续数年;而根据原材料采购的周期和生产工序的长短,短期的销售预测可以帮助调整生产计划和节拍,从而使库存最小化,生产效率最大化。

物流需要销售预测。 物流负责将产品运输到需要的地方,因此为获得相对稳定的货物交付周期,需要事先获取运输资源。例如,一家大型钢厂可能需要 18 个月的计划时间签订火车车皮预定合同或集装箱内陆运输车队合同,以运送铁矿石原料或钢铁产品,从而获得一个较远景的后勤保障。

HR 部门需要销售预测。 HR 部门负责人力保障,对于可能出现的销售高峰或低谷,在合理的人力储备上需要适时调整,有时会提前做好大量用工需求来临的准备,以配合生产调整的需要。

有人可能会质疑,销售预测真有这么重要吗?好像并不是所有制造业企业的运营和生产活动的开展都依赖于销售预测。

的确,除了销售预测,也有一些制造业企业基于"市场需求"来计划生产并保持库存线,这被称作"MRD"(Marketing Requirement Document,即市场需求文件)。具体的计算公式如下:

MRD 补货量 = 目标存量 − 持有库存量

目标存量 = (最佳持有库存期 + 补货时间) × 平均销量

有很多公司的库存计划是通过上述公式计算得来的,并以此数据倒推提供给生产、采购等部门做计划用。这里要注意的是,平均销量是指过去 6 个月的平均销售额。对于受季节性影响较强的产品，应缩短计算平均销量的间期，或按照销售预测提供的数据。

这个计算方法简便易行，但它的执行是有前提条件的。一般按 MRD 为运营依据的企业，产品的需求无特别明显的季节性波动，按照 80/20 原则，MRD 也只适用于 80% 产品，对于其余的 20% 产品（我们称作"长尾产品"），或者季节需求波动较大的产品，显然需要调整相应的最佳持有库存期和补货时间，来调整目标库存数据。这时，销售预测往往就能提供相应的数据依据。

从图 5-1 我们可以看到，工厂所有的运营都围绕着销售预测，所有的财务准备、生产准备、人力资源准备都以之为数据参考基准。

销售预测采用的基本方法分为两类：

（1）销售预测的定量分析方法。定量分析方法通常是在具有系统、完备的历史观察数据，或者影响未来销售量变动的有关因素可以量化的情况下采用。主要包括时间序列分析法和回归分析法两种类型。

（2）销售预测的定性分析方法。一般来说，在销售预测中常用的定性分析方法主要包括专家集合意见法、销售人员组合判断法、主管人员意见审核法等。

第 5 章
亲兄弟一定要算好账

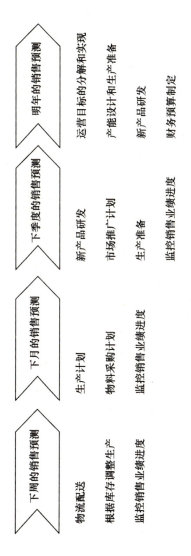

图 5-1 销售预测的目的和作用

5.2.1 销售预测的定量分析方法

20世纪六七十年代,西方就已经开始运用科学的销售定量预测方法,并取得了令人满意的结果。如今随着计算机技术的不断发展,这些曾经被认为空泛的纯数理工具正焕发着越来越强盛的生命力。

(1)时间序列分析法

时间序列在预测上的运用正说明了以上这一点。很多统计分析都假定数据序列是独立的,但时间序列分析则着重研究数据序列之间的相互关系和规律。我们也可以将其看作是对离散指标的随机过程的统计分析。我们可以用它来做一些很好玩的研究,例如,利用记录的某地区第一个月,第二个月,……第N个月的降雨量,然后用时间序列分析方法,就可以对未来各月的雨量进行预测。

目前的时间序列技术有六十多种,销售管理人员没有必要全部掌握这些数理技术,因为这些完全可以由设定的程序来工作,但我们可以了解一下这些技术的基本原理,有利于我们选择和设定技术参数。

一个时间序列通常由四种要素组成:水平、趋势、季节性和噪音(不规则波动)。水平是销售历史的"地平线",或者是在没有趋势、季节性和噪音的情况下销售量的状态。趋势是销售量连续上升或下降的形态,它可以是直线的也可以是曲线的。季节性是不断重复的销售量增减变化形态,其特点是高销售量和低销售量在每年的特定时间段周期性出现。噪音是出现的随机波动,是销售历史中时间序列无法解释的部分。

时间序列分析法有许多优点,它可以消除噪音,使季节性因素产生的数据起伏变得相对更平滑,因而可以解决许多高度复杂的数据处理。但它也有不足,就是时间序列技术是在大量的数据积累基础上加以分析,这就要求被分析的对象积累了一定数量的销售数据,对于新产品、新市场来说,这类技术可能并不适合。另外,这类技术可能忽略了影响销售的其他外部因素,比如价格变化、广告促销、竞争态势、经济政治形势等等。很多情况下,刚才提到的这些影响销售的因素被时间序列技术看作是噪音处理,可能这些因素用回归分析法来处理会更合适一些。

(2) 回归分析法

回归分析(Regression Analysis)是确定两种或两种以上变量间相互依赖的定量关系的一种统计分析方法,它可以提供时间序列技术不能提供的信息,这就是那些因为价格变化、广告促销、竞争态势、经济政治形势等等因素造成的销售变化。

回归分析一般要经历三个阶段,即变量选择、建模以及有效性验证[1]。这里要提的重点是,定量技术不能提供那些最初的变量,因此得出这些预测变量靠的是定性技术,也就是说在建模的最初阶段,我们能用到的唯一工具就是我们的行业经验,即我们对一些影响产品销售波动的因素的了解。

在开始考虑哪个变量应该用到建模之中时,应该问一问自己:"如果我知道该产品的市场需求量,那么什么因素会影响这些需求呢?"

一旦选定了一组变量,接下来就是确定一个模型了。我们可以先从计算机中产生一些候选模型,再从中选择出一个最好的模型交付有效性验证。我们通常使用PRESS(预测残差平方和)来进行有效性验证。

值得注意的是,回归分析同样需要大量的可利用数据才能建立一个新的模型,并且假设因变量和自变量的关系在分析开始之前保持不变;回归分析不考虑影响需求的季节因素,因此对于季节变化敏感的产品,有必要在变量选择阶段加入季节作为变量,或者有必要在回归分

---

[1] 参见〔美〕约翰·T.门泽尔:《销售预测》,罗玉波、唐立杰、刘静译,人民邮电出版社2004年版,第71页。

析之前将因变量的季节性去掉。

好了,讨论了定量分析的两个主要技术后,我们做个简单总结:

时间序列分析技术:它能快速地随着预测层次、趋势、季节变化而变化,但没有考虑外在因素的影响。

回归分析技术:考虑了外在因素,但要求更大量数据才能建模。

这些定量分析技术给我们提供了理性科学的预测基础,但光靠这些还不够,因为营销环境每天都在发生变化,过去的历史销售数据再全,都不可能对以后将会发生的商业环境有一个全面的概括,这就需要人为地选择决策。即使再科学的定量分析,都还需要人为地决定采取哪种定量技术,采用哪个变量因素和采集哪些数据以及如何对数据进行调整。同样,当决定如何评估预测的准确性以及对预测误差如何处理时,主观判断就更重要了。

5.2.2 销售预测的定性分析方法

定性分析可用于对没有历史数据的产品进行销售预测,也可以确定企业计划中的中长期预测,或对其进行调整。它具有预测销售模式变化的能力,而时间序列分析法不能预测销售模式或者需求模式的变化,回归分析法则对销售与预测变量之间的内在关系的变化没有办法,因此这项任务只能依靠这方面经验丰富的专家,或者掌握第一线销售资料的销售人员作出定性分析来完成。

(1) 专家集合意见法(德尔菲法)

专家评估就是利用那些熟悉产品线的专业人士来进行预测,他们可以是公司内部的资深人员,也可以是外部专家。我们通常称这种方法为德尔菲法(Delphi 法)。该方法是设计一个问卷让参与的专家匿名预测并注明原因,然后将答案交错返回给每个专家,专家可以保持自己原来的预测,也可以根据返回的另外专家的意见进行数据调整。为了缩小预测结果范围,这个程序需要反复进行数次。

这种方法适合进行企业中长期销售预测,匿名问卷的目的是为了保持预测小组成员的独立判断和理性判断,从而不受个人情绪或"核心人物"的左右。

(2) 销售人员组合判断法

销售人员组合判断法是利用企业的销售人员、经销商、销售管理人员或是销售辅助人员(销售助理、物流发货人员)的经验进行预测的定性方法。销售人员组合技术的优势在于可以将第一手的市场和客户需求信息直接纳入预测体系中,这可以直接弥补定量分析的不足。由于定量分析是基于历史销售数据的分析,而当前的商业环境和竞争环境的格局变化对销售"趋势"影响的调整往往是滞后的,通过销售直接相关人员参与预测评估,可以有效调整现有预测模式。

同样,这种预测技术也有许多缺点,比如由于自身利益的相关性,销售人员往往倾向于预测偏低以减轻由于混淆预测和目标带来的压力;经销商也会出于自身利益的考虑,或高或低地试图左右生产商的库位高低。因此,运用这种方法时,高级销售管理人员的加入和必要的预测技术培训是必不可少的,这有助于提高决策的准确性。

(3) 主管人员意见审核法

进行销售预测时,有关部门的主管人员(如市场、销售、生产、物流等部门)为了达到一致预测结果而聚集在一起,就形成了一个主管人员意见组。主管人员意见审核是预测技术中常见的一种,并且也是快速高效的方法,尤其是对于现有的数据模式有改变,或者新产品没有历史销售数据积累时更是如此。

然而,定性技术同样会存在缺点。第一,部分预测偏差的产生与参与预测人员处理复杂信息的能力限制有关,也与在信息获取方面的能力或主动性有关。第二,预测者对行业发展方向把控的过度自信会影响预测的准确性。第三,预测者的立场也会对预测结果偏差产生重要影响,比如预测数据来自销售人员,他容易把预测与制订的销售指标混淆,其结果与销售目标相比往往会偏低;预测数据如果来自于经销商,他们为了充足备货考虑,往往会把数据估高,以至于损害生产商的利益,而当经销商对新产品推广有抵触时,他们会倾向于向生产商提供偏低的销售预测数据。第四,由于预测工作冗杂,需要细致的重复工作,如果预测产品繁多,需要审核大量库存数据,预测人员容易产生厌烦情绪,这在很大程度上也会导致产生偏差。

通常情况下,消费品类企业倾向于使用定量预测分析技术,而工业制造业企业倾向于使用定性预测分析技术。这是因为消费品类企业面对的客户面太广,不能支持定性预测一对一地采集预测数据,因而使用定量技术是比较高效而又经济的手段;而工业制造业企业面对的客户群体相对较小,预测数据比较容易直接从客户或市场中获取,因而依靠专家和销售人员进行的定性分析技术就显得比较可靠且经济。

综合以上几种预测的方法和技术,总结以往的工作经验后,本书认为,基于外生数据的回归技术,虽然目前的大数据技术可以支撑回归分析,但对制造业来说,依然

第 5 章
亲兄弟一定要算好账

比较难通过大数据技术取得相关数据;而基于内生数据的时间序列技术,由于其数据都是来自于企业内部,相对来说比较容易获得。因此,对于大型制造业企业,由于其销售预测的分析数据来源复杂,建模相对困难,因而最好的方法是成立专门的销售预测部门,并设立首席销售预测官,以协调销售团队、IT 部门、生产计划部门等,为预测准确做好体制上的准备。对于小规模制造业企业,建议由销售经理利用指数平滑的时间序列技术,结合销售人员组合判断法的定性技术,来生成短期(今后 1—3 个月)的预测数据。

指数平滑法实际上就是加权平均法,它把之前发生的实际销售数据和之前的预测数据进行加权平均。它的计算公式是:

$$F_{t+1} = \alpha S_t + (1 - \alpha) F_t$$

注意:α 是一个介于 1 和 0 之间的正数,S_t 是第 t 期的实际销售额,F_t 是第 t 期的预测值。

很显然,这里有两个问题:第一,α 值怎么选?第二,F_t 是怎么来的?

回答第一个问题:

$0 < \alpha < 1$,α 值越大,预测就更强调本期的销售量在预测中的作用,实际上当 α 值 =1 时,全部的权重就放在

了本期销售上,这时指数平滑法就变成了天真技术,即$F_{t+1}=S_t$;而当 α 值 $=0$ 时,指数平滑法就变成了绝对平均法,对以往的每一期都赋予了相等的权重。因此,我们一般遵照以下两个原则:

- 销售趋势变化越大,α 值就选越大,以使预测能迅速根据当前情况调整
- 销售额随机性越大,α 值就选越小,以使预测能调整那些无规律的随机波动

回答第二个问题:

F_t 是 F_{t-1} 得来的,这个过程可以一直进行下去,有理由说,每一个月的预测都是由以前各个月份的实际销售量组成的。根据这个道理,我们可以将预测公式演变成这样一个形式,如我们在 6 月底预测 7 月的销售量,假设 $\alpha=0.1$,我们可以得到这样一个公式:

$$F_{7月} = 0.1S_{6月} + 0.9 \times 0.1S_{5月} + (0.9)^2 \times 0.1S_{4月}$$
$$+ (0.9)^3 \times 0.1S_{3月} + L[1] + (0.9)^N \times (0.1)S_{(6-N+1)}$$

仔细看看这个公式,对 7 月份销售量的预测中,6 月的销售量占 10%;5 月份的销售量占 $0.9 \times 0.1 = 9\%$;4

---

[1] 式中的 L 代表销售历史的基准线,或者是没有趋势、季节性和噪音的情况下,销售应该表现出来的模式。详见〔美〕约翰·T. 门泽尔等:《销售预测》,罗玉波、唐立杰、刘静译,人民邮电出版社 2004 年出版,第 36 页。

第 5 章
亲兄弟一定要算好账

月份的销售量占 $0.9 \times 0.9 \times 0.1 = 8.1\%$；3 月份的销售量占 $0.9 \times 0.9 \times 0.9 \times 0.1 = 7.2\%$；依此类推，直到最后一个月。①

根据对以上两个问题的回答，并利用最简单的 Excel 工具，我们就可以简单地建立出一个属于我们企业自身的平滑指数模型，据此利用以往的数据推导出我们需要的预测值，一般来说以往数据时间跨度最好大于 48 个月。

在得到这个预测模型之后，我们算出来的预测数据结合定性的销售人员组合法，就可以得到比较接近实际的数值，以提交给生产运营、采购等部门作为工作依据。

现在，有很多企业已经开放了 VMI（Vendor Managed Inventory，即供应商管理库存），这是一个更为先进合理的客户管理系统，思路来源于 Breadman 管理方法。Breadman，顾名思义就是面包店的供货体系，最初运用于沃尔玛的面包货架管理中。为保证供应新鲜面包，沃尔玛把面包货架的管理权交给面包作坊，面包作坊的工作人员每天都要来超市检查面包销量，隔天带来新鲜的面包并收走过期面包。这样的 VMI 管理方法的好处有：

---

① 参见〔美〕约翰·T.门泽尔、卡罗尔·C.贝恩斯多克：《销售预测》，罗玉波、唐立杰、刘静译，人民邮电出版社 2004 年版，第 45 页。

- 通过销售点数据的透明化,简化了配送预测工作;
- 需求拉动透明化、提高配送效率——以有效补货避免缺货;
- 有效的预测使生产商能更好地安排生产计划。

事实证明,作为国际先进的库存管理系统,VMI 不仅可以应用在零售行业,在制造业也越来越显示其高效的能力。

需要说明的是,有了高效、透明的 VMI,并不是说销售预测就没有用了。事实上,VMI 也是提供预测的一种数据来源和采集方法。

一个成熟的制造企业,预测职能的完善是企业在本行业持续进步的保证,企业要具备这种能力主要得益于任用一个合格的预测人员,或者销售管理者本身就具备这类素质和相应的知识,这些人员不但要了解(或者知悉)合适的定量或定性预测工具,并且对本行业的状况也很了解。此外,公司管理层也愿意支持这个分析过程,并为之提供相关的体系、应用软件和持续的培训及纠偏,这样才能得出相对精准的预测数据,用来指导企业的日常运营的战略设计。

第 5 章
亲兄弟一定要算好账

5.3 准时发货控制

制造业一个完整的订单完成过程大概可以分成以下部分：

交期＝销售作业时间＋评审时间＋原料采购时间＋生产制造时间＋运送与物流时间＋验收和检查时间＋其他预留时间

交货及时率＝及时交货的订单个数/总的订单个数×100%

这两个公式告诉我们，准时交货已经不只是物流部的考核指标，因为这牵涉了几乎大半个公司、一整套作业流程。所有造成交单延误的因素可能有：

- 销售接的临时插单太频繁，打乱了原先的生产计划安排。
- 客户提供的订单信息不完整或不准确。
- 评审过程忽略了一些因素（如工艺、尺寸公差要求、材料性能），导致原材料采购错误或工艺参数设定错误，需要返工。
- 采购与供应商工作差错，导致物料迟到或发错。
- 生产出现异常或计划变更未及时与销售沟通。

- 品控未及时检验(进料、生产前、生产中、成品),导致品质问题未及时发现而发生返工。

实际工作中可能还会出现更多的问题,那么:

交期延误到底是谁的责任?

怎样防止延误的一再发生?

销售部门能做些什么?

我们自然会想到这几个现实问题。

(1) 交期延误到底是谁的责任?

有人说延误是销售后台(销售助理)的问题,因为没有跟好单;有人说延误是运营的问题,运营部门没有及时纠偏,或没有及时更新生产动向;也有人说延误是项目管理的问题,项目经理(PM)应该对项目运行全过程负责……

销售后台有跟进订单进程的义务,但光靠销售后台跟,力度太薄弱了,销售后台只能及时更新订单进程,其他的问题很难解决或推进。这么多年的制造业营销经历告诉我,要厘清每个延误订单的原因,明确改进责任措施,需要一个强执行力的跨功能小组(Cross Function Team,CFT),这个推进小组的领头人只能是运营部门的具体项目责任人(PM 或生产计划员)。如果让销售去推进订单落实,会有部门隔阂障碍而事倍功半。销售或销售后台只能起一个跟进的作用。

（2）怎样防止延误的一再发生？

实施6 Sigma企业可以由跨功能小组（CFT）多次按照DMAIC模型进行改进，效果明显。未实施6 Sigma的企业也可以用通常我们用来提高质量的戴明循环法（PDCA）来进行自我提升，也是一个很好的改善步骤和思路。

DMAIC模型是实施6 Sigma的一套操作方法。各个企业在实施6 Sigma过程中都有自己的操作方法，通用电气公司总结了众多公司实施6 Sigma的经验，系统地提出了实施6 Sigma的DMAIC模型。那就是D（Define 界定）、M（Measure 测量）、A（Analyze 分析）、I（Improve 改进）、C（Control 控制）。DMAIC模型现在被广泛认可，被认为是实施6 Sigma更具操作性的模式，主要侧重在已有流程的质量改善方面。所有6 Sigma管理涉及的专业统计工具与方法，都贯穿在每一个6 Sigma质量改进项目的环节中。

戴明循环法是一个质量持续改进模型，它包括持续改进与不断学习的四个循环反复的步骤，即计划（Plan）、执行（Do）、检查（Check）、处理（Act）。戴明循环法与生产管理中的"改善""即时生产"紧密相关。

(3) 销售部门能做些什么?

销售和销售后台应该积极跟进订单落实进程,出现任何可能导致延迟交货的因素,要及时同内部运营部门和外部客户进行有效沟通。

建议每一个订单都做一个小小的进程记录,以下表格仅作思路模式参考:

表 5-1　订单执行情况表

订单编号	数量（或金额）	提交评审日期	评审通过日期	计划交货日期	实际交货日期	延误原因	备注

做好日常记录工作,一段时间下来,你就可以积累很多数据,分析这些数据你会发现本企业订单运行的主要问题有哪些:

- 年订单延误率是多少(延误订单/总订单数)?
- 在哪几个流程节点上延误比率较高?
- 延误订单平均延误时间和最高延误时间是多少?

这些分析数据统计对于改善内部运营体系和流程很有帮助。

5.4 投诉分析

制造业 B2B 业务模式下,投诉窗口通常是销售人员,销售人员把投诉事件转化为文件转交给销售后台,或直接提交给质量部门。质量部门根据情况出具处理意见或派员去客户现场处理,如果需要,也会按要求出具原因分析和改善措施的 8D 报告(8D 又称团队导向问题解决方法,即 8D Problem Solving,是福特公司处理问题的一种方法,它提供了一套符合逻辑的解决问题的方法)。

一切看着合情合理,质量投诉当然需要质量部门来分析,但为什么还会出现投诉拖拉未决?销售部门还应该做些什么?

这个问题和之前提到的准时发货问题如出一辙,这些问题看起来是质量部门应该统计分析的,但其实销售部门更应该有个及时的信息记录和分析。做个日常的记录其实很容易,坚持下来,并分析以上提到的问题,你会发现对你的销售工作有很好的促进效果。

可持续的解决之道依然是戴明循环法,有个小小的表格提供给大家做参考,暂且作为一个思路导向:

表 5-2 投诉处理记录表

投诉编号	订单号	反映问题	投诉日期	质量部门处理日期	投诉处理结束日期	处理结果	第几次出现

根据这个表格,年底时,我们可以做一些数据分析,比方说:

- 一年下来,销售人员接的所有订单中,质量投诉的占整个业务比重是多少?(投诉数/订单数)
- 质量投诉都得到及时处理了吗?①
- 相同的质量问题重复出现率是多少?②
- 统计出现频次最高的投诉并召集跨功能小组协商解决方案。
- 将表 5-1 和表 5-2 连同这两个表单的数据分析汇成年报,作为销售年报的一部分。

---

① 及时的意思是按流程规定的处理时间着手处理,而不是搁置不理。
② 重复出现率太高是影响客户感知价值很重要的指标之一,直接影响销售业绩。

第6章

"超预期"必胜法则

SELLING

还记得 3.2 节里谈到的加纳（KANO）模型吗？我们知道，加纳模型把客户满意度要素分为五类，即基本型需求（必备因素）、期望型需求（期望因素）、兴奋型需求（魅力因素）、无差异因素和反向因素。其中兴奋型需求就是我们这里要谈的"超预期"营销法则。套用现在时髦的互联网＋的语言格式，这是一个很好的满意度＋的模型（即满意度＋KANO），可以作为营销策略的手段。

6.1 加纳模型

加纳模型是一个典型的定性分析模型，比较适合日常营销管理分析，毕竟没有一个营销经理会有许多时间和精力专业地去做量化数据收集和计算。这个模型可以对客户需求或者说对绩效指标进行分类，通常我们用在满意度评价工作的前期，作为辅助研究，帮助企业了解不

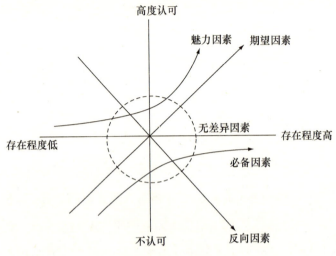

图 6-1　加纳模型

同层次的客户的需求,找出客户和企业的接触点,识别使客户满意甚至超乎其满意度的关键因素。这个超乎客户满意度的关键因素就是兴奋型需求(魅力因素),就是令客户意想不到的产品特征,如果产品没有提供这类特征,客户不会不满意,因为他们通常没有想到这些需求,但如果产品提供了这类需求,客户会对产品非常满意,从而提高了客户忠诚度,加强了客户的购买倾向。客户购买后的满意程度,决定了其是否重复购买这种产品,决定了其今后对这个产品的态度,并且将深深影响到其他相关购买者。西方商界认为,"最好的广告就是满意的顾客"。

失望的客户则永远不会再来买这种产品,他们甚至还会到处做反面宣传。

高度满意的购买行为尤其在制造业中容易形成忠诚的客户,制造业的理性采购和重复采购的特质决定了其在基本需求和期望需求得到满足的基础上,"超预期"会带给企业更高的客户黏度。对企业来说,识别不同客户的不同兴奋型需求,是制订"超预期"营销战略的保障。

加纳模型主要是通过标准化问卷进行调研,根据调研结果对各因素属性归类,然后计算 Better-Worse 系数,以显示达成此项因素属性对增加满意或消除不满意的影响程度。

加纳问卷设计得很独特,该模型对应的问卷题目往往通过正反两面进行提问。

举个例子:某企业想要更换零件包装,因此做了一个问卷:若单件包装内零件数量减少一半,你觉得怎样?若不改变单件包装内零件数量,你觉得怎样?选项一般有五个,可以是:很好、理应如此、无所谓、勉强接受、很不好。确保用户能正常理解问卷中的问题。

表 6-1　加纳问卷

	很好	理应如此	无所谓	勉强接受	很不好
若单件包装内零件数量减少一半	√				
若不改变包装内零件数量			√		

完成加纳问卷后我们需要对问卷进行回收，然后剔除全选很好和很不好的答案，之后就可以完成表6-2：

表 6-2　加纳需求分布表

不改变＼一半	很好	理应如此	无所谓	勉强接受	很不好
很好	剔除	兴奋型需求	兴奋型需求	兴奋型需求	期望型需求
理应如此	反向因素	无差异因素	无差异因素	无差异因素	基本型需求
无所谓	反向因素	无差异因素	无差异因素	无差异因素	基本型需求
勉强接受	反向因素	无差异因素	无差异因素	无差异因素	基本型需求
很不好	反向因素	反向因素	反向因素	反向因素	剔除

将回收的有效问卷进行数据统计。假设回收有效问卷有1000份，其中有50人觉得该包装改变很好，不改变也理所当然，则属于兴奋型需求，所占百分比为5%。运用同样方法计算在其他情况下出现的数据，然后按照表6-2把分布在相同区域的数据相加得到总的结果。这样我们就可以得出，如果改变包装的话，兴奋型需求占36.6%，比其他因素都要高，则结论是：该更换包装为兴

奋型需求,如表6-3:

表6-3 加纳问卷统计表

不改变一半	很好	理应如此	无所谓	勉强接受	很不好	
很好	9.4%	5.0%	11.5%	20.1%	28.8%	兴奋型需求 36.6%
理应如此	0.7%	5.8%	2.9%	1.4%	2.9%	期望型需求 28.8%
无所谓	0	0	9.4%	0	21.6%	基本型需求 2.9%
勉强接受	0	0	0.7%	1.4%		无差异因素 21.6%
很不好	0	0	0	0		反向因素 0.7%

结论:更换包装的加纳属性为兴奋型需求。

按照上面的分析方法,我们可以对某一项内容进行加纳需求识别。但是,如果我们同时对几项内容识别的话,怎么来分辨它们之间的优先排序呢?Better-Worse 数据模型可以帮助我们进行分析。

同级属性进行优先级排序可利用 Better-Worse 数据模型进行处理。假如有几个功能均为兴奋型需求,需要继续进行优先级排序则可以使用 Better-Worse 的数据模型进行处理。我们可以利用以上统计得到的数据,按照以下公式运算:

增加后的满意系数(Better) = (兴奋型需求 + 期望型需求)/(兴奋型需求 + 期望型需求 + 基本型需求 + 无差异因素)

消除后的不满意系数(Worse) = (期望型需求 + 基

本型需求)/(兴奋型需求+期望型需求+基本型需求+无差异因素)×(-1)

将表6-3问卷统计表的数据代入后,我们就可以得到"改变零件包装数量"这个项目的Better-Worse系数如下:

$$Better = (0.366 + 0.288)/(0.366 + 0.288 + 0.029 + 0.216) = 0.73$$

$$Worse = (0.288 + 0.029)/(0.366 + 0.288 + 0.029 + 0.216) \times (-1) = -0.35$$

比较数值大小如:兴奋型需求为"改变零件包装数量"Better=0.73,假设我们同时统计了另一个同为兴奋型需求为"增加防震包装"Better=0.5,则"改变零件包装数量"的优先级高于"增加防震包装"。

我们可以把各类不同的功能满意度加纳分析放在一起,然后比较各自的Better-Worse值,于是我们就知道"增加后的满意系数"或"消除后的不满意系数",从而确定产品或功能的优先级。

相信仔细研究了以上描述的读者一定会对加纳模型很感兴趣,我们可以自己参阅相关书籍做进一步的研究。

总之,加纳问卷可以帮助我们识别我们想要寻找的兴奋型需求在哪里,然后我们还可以根据加纳模型计算出的Better-Worse系数值,来判断哪些需求我们要花大力气优先去实现。

当然,加纳模型有其优势也必有其缺陷。

优势:

- 可以细致全面地挖掘产品功能的特质;
- 可以帮助业务方在工作中排优先级,辅助项目排期;
- 可以帮助人们摆脱"误以为'没有抱怨'等于用户满意"的想法。

缺陷:

- 加纳问卷通常较长,而且从正反两面询问,可能会导致用户感觉重复,并引起情绪上的波动,若用户受到影响没有认真作答,则会引起数据质量的下降;
- 加纳问卷是针对产品属性进行测试时使用的,部分属性也许不能很好理解;
- 加纳模型类似于一种定性归类的方法,以频数来判断每个测试属性的归类。

找到了我们要的兴奋型需求,并且也对这些需求进行了优先排序,我们就可以策划一系列的"超预期"促销计划。

6.2 超预期是最好的促销

正如客户感知价值层次模型的创造者罗伯特·伍德鲁夫(R. B. Woodruff)所说,超预期一定是这个时代企业的核心竞争力。

曾几何时,某脑补品以广告轰炸的方式进入人们的视野,全国上下逢年过节走亲访友人手一份。如今走亲访友很少有人送保健品了,因为人们没有从保健品里得到其承诺的效果,也就是预期落空了。

小米就是典型的超预期的成功实践者,他们把人们对千元机的传统预期打破了,让大家感到千元机也可以玩出大品牌的质量和效果。

低于预期往往会让人产生失望的情绪。制造业的促销手段不需要新媒体营销的花俏,因为它抓的不是客户体验和冲动消费;也不需要买一送一的传统折让手段,因为它靠的不是高市场份额的占领,而是不断地保持和增加客户份额的决心。

那么,这里谈超预期是不是就不要质量和价格了呢?

设想,如果我们的产品质量很好,价格也很便宜,但就是没有达到客户对产品效能的改善的预期目标,就只能说这个产品还可以。例如,前面提到的某脑补品,没人

# 第6章 "超预期"必胜法则

反映质量有问题,价格也定位得很亲民,可是人们最终还是把它连同整个保健品市场抛弃了。换种说法,如果销售人员不积极,或者交货延误率很高,即便我们的产品质量很好,价格也很便宜,最终也会被客户抛弃。所以,应该说超预期销售法则是把产品的全部属性进行整合的成果。

那么,超预期要从哪几方面入手?在3.5节里提到过,学术上识别了12种客户感知价值:价格、便利、选择、员工、信息、关联、功能、关系、个性化、惊喜、记忆、社区。超预期就是从这12种客户感知价值入手,并超出客户对这些感知价值的预期,最终达到促进营销的目的。

(1) 价格

这是价值最为基本的组成部分,是大部分客户所不断追求的利润来源。它在竞争的低端层面上表现力很强,但单独使用效果并不好,如果配以高端的效能应用,就是3.4节提到的高性价比,则是超预期的一种表现,是大多数产品的市场必杀绝招。

(2) 便利

便利给客户的直接效果就是时间、人力、物流等方面的成本降低。便利可以通过高效率的业务运营、供应商便捷的地理位置、对客户积极的服务响应等方法创造出来。

（3）选择

给客户增加更多选项就是为他们创造了价值。比如提供灵活的支付方式、便捷安全的不同包装方式、方便的物流、可选配的各种功能模块等，这样做，可节省客户的时间、精力和心理成本。

（4）员工

高素质的员工是企业良性发展的保障。员工具有高质量的工作意识和方法，往往能够使客户成为回头客。服务涉及很多方面，如对客户要求的反应时间、帮助客户解决问题的主动意愿、提供服务的速度等。销售人员应当尽可能考虑到客户的要求，服务好客户，这是销售人员应具备的基本素养，同时也是企业所有员工应该具有的工作意识，这是企业文化孜孜以求的目标。

（5）信息

对于客户而言，你才是产品专家，为客户提供更多的信息和为他们增加价值是你的责任。如果客户得到了更多信息，他们就可以根据知识和经验作出选择，这可以让他们更加舒心地进行决策。很多客户并不完全了解他们所要购买的产品的全部性能，甚至有时不了解他们需要什么样的产品来帮助他们解决问题，所以他们非常希望能从你这里得到很好的建议。

第 6 章
"超预期"必胜法则

（6）关联

客户有时候会很开心能与某个特定的产品或服务提供商有某种关联，比如一些客户会很骄傲地宣称他们是某家公司的客户，因为别人对这家公司的评价很高。建立这种关联，可以给公司创造实际利益。比如你之所以会购买某品牌的电脑完全可能是因为其使用的是英特尔处理器；还有一种情况，有客户的全球总部是我们的客户，那么该客户在某地的子公司也可能考虑成为我们的客户。

（7）功能

很多供应商获得好评并不是因为其核心产品或服务的质量，而是由于该种产品或服务的功能所带来的可能性。比方说我们买某品牌的杀菌洗衣液，在这个产品上，洗衣液的质量变成了基本因素，而杀菌功能对需要这种功能的客户来说就成了兴奋型需求（或称魅力属性），其会因为有这种功能而去购买。因此，将注意力集中于产品功能的影响上而不仅是产品质量的本身，公司也可能因此给客户带来超预期的满意。

（8）关系

如果公司让客户觉得与其进行交易感觉良好，这种感觉可能是一种良性的互动，可能是一种战略的合作，也有可能是一种无条件的信任，那么就会创造出来一种具有特殊关系的价值。这种价值与产品的价格或许没有直接的联系,但却会帮助双方建立起某种联系。实际上,公司可以采用增强亲和力和归属感的多种方法,让客户感觉自己与公司非常亲近,并对公司有着丰富的感情。

(9) 个性化

公司如果能重视客户的个体差异,就可以为客户创造出个性化的价值。

这些都可以表明客户受到了重视,这对公司是具有一定价值的。当然,对每个客户都考虑他的个性化也不是很现实,大部分时候我们还是会引入大客户管理的概念。个性化很多时候也表现在产品的个性化上,也可以叫差异化,就是考虑在相竞争的同类产品中提供差异的功能、差异的质量,服务差异的客户群体。

(10) 惊喜

惊喜是指客户意料外的收益,可以将其定义为超预期的一种特殊表现。这表示公司已经注意到了并已经真正关心客户的需要。例如,在南方雨季,某些特殊产品改用防潮包装会给客户带来意外惊喜而留下深刻印象,并获其信任,为下一次交易打下良好的基础。又如,在每次订单下达后,直到交货前,定期实时向客户确认货物状态或遇到的问题,让客户感觉到整个订单的可控性,会对公司产生强烈的信任和好感。

(11) 记忆

这种价值创造发生在客户很多年来一直保存在他的记忆中的一些情景和经历中，这些情景或经历是某次超预期体验带来的。

企业可以通过将产品或服务购买经历变为一种有记忆价值的东西来达到这个目的，而提供的这种超预期感觉将会使得客户永远无法忘记，并且会向他的朋友和同事介绍这种经历，从而达到良好的口碑营销目标。

(12) 社区

以O2O为典型营销模式的电子商务就是社区感知价值的完美体现。社区电子商务用户黏性高、规模大、依靠口碑核裂变式传播、用户之间的沟通交流多，因此相互之间信任度较高，各类APP、微信营销都是社区价值在产品营销上的创新。制造业借助网络时代的发展正迎来社群（区）制造的春天。我们都知道众筹模式给小企业制造或创新产品打开了一扇通往成功的大门，依靠这个模式，发起人有了第一笔启动资金的同时也有了第一批客户；当众筹客们玩得不亦乐乎的时候，3D打印制造也被证明是一个社区制造的典范，在社区里，人们提交各种产品订单，借助3D打印技术完成生产制造；其他像众创、众包、众扶等"众"字头制造模式，都是分享经济的社区价值给产品带来的超预期感知。

根据感知价值的 12 种因素，我们可以设计符合自身产品特点的超预期营销点，由产品特点而圈出一个个不同的目标客户群体，不同的群体客户又衍生出不同的超预期营销点，这就是本章要表达的基于客户感知价值的全新营销法则。我们会发现，这 12 种影响感知价值的因素中并不包含质量，因为 B2B 作为专家购买行为，质量在其中是可测量的，不是用来感知的，而价格是基于质量来感知的。

　　通过上述论述，我们知道，应该花大力气去研究不同的超预期感知点，将其应用在不同的产品和不同的客户群体上。小米董事长雷军说："越传统的企业，越蕴含产生超预期的潜能。"也就是说，越传统的企业，给人们的心理期望值其实越低，因为传统企业长期以来已经给人们留下了恒定的形象和产品价值观，这时反而越容易创造超预期的感知价值，从而创造加纳模型的兴奋型需求，为企业带来高黏度高忠诚度的客户，为提高客户满意度和供应链生命周期带来现实的可能性。

　　在这方面全美最大的自行车零售商赞恩（Zane）最有体会。赞恩深谙差异化服务管理能带给客户极高的感知价值，懂得客户在惊喜价值面前会变得毫无抵抗力。赞恩给客户提供终身服务保证，包括所有部件及手工费在内，完全免费维护；瘪胎保险，赞恩只收取一次性的少量

第6章
"超预期"必胜法则

费用,为所有的瘪胎提供终身免费调换服务;免费儿童车换购项目,即使是 10 年之后(或更久以后),你的孩子也可以得到与原有的车价相等的积分,用于换购新车。利用客户服务作为营销进攻武器,从而创造极高的客户感知价值,赞恩通过这种方法获得了极大的成功。

用双因素激励理论来看待超预期法则,可以把以上的客户感知价值归纳为保健因素和激励因素两大类。每个行业每个企业的情况不同,科学识别适合自己企业的客户感知价值保健因素和激励因素,从而在超预期法则运用上有的放矢,并在激励因素上巧妙设计,必能取得良好的效果。

第 7 章

业务安全和信用评估体系

SELLING

一个企业的营销高级管理层面,很重要的工作之一就是对应收账款进行科学管理。现实中,销售管理者已经不仅仅是应收账款的简单催讨者,而应该是在企业整个业务过程中承担更多的应收账款信用体系建设的参与者。

应收账款管理是企业管理的命脉

应收账款在一定程度上提高了企业资产的流动性,但如果控制手段不充分,导致应收账款比例过大,周期过长,甚至出现呆坏账,将严重影响企业现金流,甚至影响企业的生存。

据调查,美国企业的平均账款拖欠期是 37 天,而中国平均 90 多天。大量的企业为了追求销售额和市场占有率,在应收账款管理上基本还是粗放式管理,还没有真正确立起成本效益原则。

逾期应收账款的风险的识别

在当前复杂的经济环境下,每一笔逾期账款所拖的每一天都是风险的累加。美国有关调查数据显示:

- 应收账款逾期 1 个月,回收的可能性为 93.8%
- 应收账款逾期 6 个月,回收的可能性为 57.8%
- 应收账款逾期 1 年,回收的可能性会骤降为 26.6%
- 应收账款逾期 2 年,回收的可能性只有 13.5%

公司财务部门应该对应收账款总量占流动资产总额的占比设定临界点,这样能从总量上进行控制,进而实现公司在运营战略上的安全。

7.1 信用额度和拖欠忍耐力的计算方法

经济下行带来更激烈的市场竞争,赊销已经成为公司捍卫市场份额的有力手段。然而,信用销售注定要与风险共舞,尤其在中国市场尚未形成健全信用机制的情况下,赊销带来的隐患更是突出,如何将风险扼杀在摇篮中从而使交易能够顺利进行,需要一套完善的信用评估体系和流程来支持。信用管理是一门平衡的艺术,追求的不仅仅是风险控制,而是风险和利益的平衡。优秀的

第7章
业务安全和信用评估体系

信用管理经理人可以将信管部门从成本中心变为利润中心。

在评估客户赊销额度之前,首先要搞清楚的问题是"我们乐意让客户欠我们多少钱"或者说"我们自己的资金实力和基本抗风险能力有多大"。

信用分析可以分两类,即预测分析和管理分析。预测分析用于预测客户前景,衡量客户破产的可能性;管理分析不具有预测性,它偏重于均衡地解释客户信息,从而衡量客户实力。

7.1.1 给客户的赊销额度怎么定?

这里可以采用销售量统计法确定赊销额度,计算公式为:

信用限额 = 季度订货量 × 标准信用期限/90

或

信用限额 = 半年度订货量 × 标准信用期限/180

赊销额度 = 信用限额 × 风险修正系数

以客户前一个季度(或前半年度)订货量为基本数额,以行业标准信用期限为参数,是一种计算下一个季度(或半年度)赊销额度的方法。(客户风险级别和客户历史付款记录作为修正系数)

表 7-1　风险修正系数(风险级别)

风险级别	修正系数
AA	100%
A	80%
BB	50%
B	10%
C	0
D	0

表 7-2　风险修正系数(历史付款记录,亦即信用记录)

拖欠金额 × 拖欠天数	信用记录评分	修正系数
无	100	100%
25 万/天	80	80%
50 万/天	50	50%
100 万/天	20	20%
200 万/天	10	10%

以上这种计算方法适合大企业或财务数据比较完善的企业。为了帮助企业快速判定一个客户的赊销额度，我们可以采用以下方法：

- 客户上个季度平均月订货量的两倍
- 不超过净资产的 10% 或流动资产的 20%
- 取前两种方法的较低者

7.1.2　最大容忍客户欠债是多久？

假设银行活期存款率目前为 0.35%，通胀率以 3%

计算(2015年预估值),贷款利息以5.3%计,赊销账期60天,企业净利润率为12.5%,未考虑机会成本和管理成本。

拖欠忍耐力的计算方法是:

(1)如果企业没有任何借款,则:

应收款的时间成本 = 活期存款利息率 + 通胀率

每一笔应收账款每一年的时间成本 = 0.35% + 3% = 3.35%,换算成每一天的时间成本 = 3.35% ÷ 365 = 0.0092%。由此可知,最大忍受毫无利润的天数 = 12.5% ÷ 0.0092% = 1359天,于是拖欠天数 = 1359 − 60 = 1299天。

(2)如果企业有借款(借款利率以5.3%计),则:

应收款的时间成本 = 借款利息率 + 通胀率

每一笔应收账款每一年的时间成本 = 5.3% + 3% = 8.3%,换算成每一天的时间成本 = 8.3% ÷ 365 = 0.0227%。由此可知,最大忍受毫无利润的天数 = 12.5% ÷ 0.0227% = 551天,拖欠天数为551 − 60 = 491天。

7.1.3　及时评估客户的信用

客户信用是随着交易的经济环境、交易数量和交易时间推演动态变化的,并不是一成不变的。随着影响信用等级的因素变化,客户的信用有的在上升,有的在下降,如果不对客户进行动态评估,并根据评估结果进行额度调整,就有可能出现由于没有及时变更客户信用动向而导致回款发生问题,严重的甚至影响公司整体经营战略。一般建议对客户的动态信用评估最好每个月做一次,最多两个月为一个评估周期。

7.1.4 建立系统评估客户的信用

有条件的企业可以建立一个自动信用评估决策系统,这是用来预测某企业严重拖欠的可能性的统计模型。这种模型不是用来预测某企业的付款能力,而是评估其及时付款的主动性。这种模型利用财务状况、支付记录、(债务)诉讼记录、行业比较数据和公司统计数据等来评定严重拖欠或不支付的风险。模型根据对有类似特征的授信对象的分析,来评定一个申请者严重拖欠的可能性。

通常来说,银行在这方面数据积累得比较系统全面,评估模型也已经相当成熟,但对一般企业来讲,建立这样一个数据模型困难不小,因为数据的获得比较难,且不经济。但如今在大数据技术越来越成熟的背景下,这个想法渐渐变得可能实现,越来越多的数据分析公司正在基于这个想法把评估系统变得成熟且经济,并且可以根据不同行业、不同规模、不同市场而建立起特定的信用评估系统。定制的系统可反映本企业与客户交易的实际情况,从而对"不良"客户加以提前识别。

7.1.5 将应收账款与销售员的业绩考核挂钩

每到年底,我们一般都会以开票金额为评定依据,对销售员一年的业绩进行评估,以此来确定销售员的奖金、升迁、薪资涨幅等奖励措施。大部分企业并不把应收账款和销售员的业绩挂钩,这就导致销售员为了冲业绩而加大赊销力度的可能。

所以,将应收账款和销售员的业绩挂钩也是赊销保护体系的一环。和销售部门有直接关联的财务指标通常有两个:

应收账款周转率 = 销售收入 / 应收账款平均余额

应收账款周转天数

= (应收账款平均余额 / 销售收入) × 360

用这两个指标和销售员的业绩挂钩,会比较综合地评价一个销售员的业绩水准。

7.2 应收账款的处置及催讨

在日常工作中,可以采用以下几种方式处置应收账款：① 靠销售部门催讨；② 运用财务金融工具进行应收账款处置，如抵押、出售、转让、保理、证券化、保险；③ 在财务部门的配合下，对应收账款实行账龄分析，并和发货系统对接；④ 通过法律途径催讨。

这里尤其要讲一下销售员的催讨手段和保险手段的运用。

（1）销售员的催讨手段

销售员的催讨工作是一般制造企业应收账款催讨工作的主要手段。销售员催讨时，要讲究步骤和催讨深度的渐进法。销售员可以从应收账款到期前通过电话善意提醒开始，给予客户一定的心理压力，具体步骤包括：

- 电话提前提醒
- 电话催讨
- 上门催讨
- 从向采购催讨到向客户财务乃至总经理催讨
- 公司高级别人员登门催讨
- 法律催讨（律师信）
- 诉讼或仲裁

公司可以考虑建立应收账款回款奖励措施，以上述和销售部门有直接关联的两个财务指标为依据（应收账款周转率和应收账款周转天数），用不限于现金的方式奖励销售员或客户(宜正向激励,对于销售,也可以采用应收账款报告的形式内部公开表彰)。

(2) 应收账款保险

我国是在 2006 年左右正式推出企业应收账款保险的。买家如果发生恶意拖欠或丧失清偿能力,信用保险公司将承担经济赔偿责任。同时通过保险公司的制度安排,增强销售企业特别是中小型企业对下游买家的话语权,使供销关系平等、顺畅。

销售部门的工作是风险控制的重要环节,信用保险公司通过风险管理建议和买家信用评估,协助企业销售业务操作,并以第三方身份对企业销售行为进行有效约束。企业也可以通过保险公司更快、更清楚地了解客户的状况,从而有选择性地增大对有偿付能力客户的销售力度的投入。

案例:C 企业是一家销售规模为 4 亿元的电子配件生产企业。目前客户有 35 家左右,其中前 8 名客户就占企业总营业额的 60%。该企业像该行业其他企业一样,很多业务是通过赊销开展的。由于市场竞争日趋激烈,价格战首当其冲地成为行业内重要的竞争手段,这就导致原本的客户纷纷要求更优惠的销售条件。面对如何实现更高的销售目标,和保障企业的财务健康这一两难问题,

C企业陷入了经营困境。最终,通过信用保险,C企业得到保险公司专业的支持,对大客户实行有效的风险评估和管理,并扩大现有赊账规模,企业实现了"鱼和熊掌兼得",成为这场竞争的最终胜利者。

大量事实证明,这种风险管理机制的介入会帮助规范企业的销售习惯行为,并提升企业内部管理体制,从而推进企业的内部管理和销售操作流程趋于完善。

在企业现实经营中我们还可以发现,购买应收账款保险以后,在一定程度上起到了抵押的作用,可以提高银行授信评估等级,获得融资就更加便利,还可降低融资成本。因此,目前"应收账款 + 信用保险"已经成为国际上通行的新的融资模式,为企业扩展融资渠道另辟蹊径,既可解决即时的现金流问题,还可使融资额度随着营业额的增长而增长。

当然,信用保险是有一定受理限制的,一般来说应收账款保险仅限于非正常的损失,且对投保人有一定的门槛设定。因此,企业也会承担一部分坏账损失。但是,这种方式仍能够将企业不能预计的重大损失风险转移,从而将损失的可能降至最低,是一个很好的能帮助企业财务状况更加稳健的工具。

第8章
做个胜任的"爬梯者"

SELLING

有个很值得思考的管理学原理——彼得原理(The Peter Principle)。

彼得原理的发现人是管理学家劳伦斯·彼得(Laurence J. Peter)。1960年9月,在一次由美国联邦政府出资举办的研习会上,彼得博士首次公开发表了他的发现。彼得原理是他对千百个有关组织中不能胜任其工作岗位的失败实例的分析归纳出来的。其具体内容是:在一个等级制度中,每个职工趋向于上升到他所不能胜任的地位。彼得指出:"每一个职工由于在原有职位上工作成绩表现好(胜任),就被提升到更高一级职位;其后,如果继续胜任则将进一步被提升,直至到达他所不能胜任的职位。由此导出:每一个职位最终都将被一个不能胜任其工作的职工所占据。层级组织的工作任务多半是由尚未达到不胜任阶层的员工完成的。"①根据彼得原理,每一个职工最终都将达到"彼得高地",在该处他的提升商数(PQ)为零。

现代的层级组织制度,总是从下面来补充由于晋升、辞职、退休、解雇等原因带来的职位空缺。通常,人们把层级组织中的晋升看作是"攀登成功之梯"。要想加快"攀登"过程,一般有两种方法:其一,来自上面的"拉动",即依靠裙带关系和熟人等从上面拉;其二,自我的"推动",即努力进步加上不断地学习等。很可惜,前者是我们这个现实社会中经常发生的。不管在世界哪个国家,仅凭个人的努力,是很难让高层关注到的。

本书第2章提到过邓亚萍的例子,她从体坛走向政坛,再走向企业管理岗位,暴露出很多问题,可以说是上面"拉动"的典型实例。与邓亚萍相比,李宁就是一个较好的自我推动的例子。

李宁公司在击败了当时国内服装市场的老大康威之后,曾保持市场第一的位置长达10年之久。不过,李宁并未自喜所取得的成绩,而是清醒地认识到企业管理的重要性不亚于资本运作,事实上,他从一开始就打造出一

---

① 〔美〕劳伦斯·J.彼得、雷蒙德·赫尔:《彼得原理》,闾佳、司茹译,机械工业出版社2007年版。

个"弱拥有者和强管理者"的管理结构,陈义红、张志勇、金珍君等一位位大将轮番出场。

李宁一开始就赢在了管理上,他积极推进当时先进的专营店理念,同时也积极推进所有者和管理者分权的管理模式,一直在实现自我"推动"的道路上前进。但是,如今也在管理上出现了问题,尤其是营销管理理念的问题。其一,当年先进的专卖店理念,如今在互联网大潮下已不具有独特的优势,"直营门店+加盟门店"的市场布局方式横亘在经营者和消费者之间,活生生切断了企业和市场的对话,使得李宁产品老化,营销理念被经销商牵制。其二,李宁品牌一直游走在时尚和专业化之间,品牌形象模糊,价格定位不清,在从高性价比营销路线向世界大牌追赶的路上迷失了自我。

和以上两位相比,姚明在实现自我"推动"上显然更符合时代进步的特征。姚明的核心团队由6个人组成,包括姚明前NBA经纪人、美国BDA体育管理公司总裁比尔·达菲(Bill Duffy),姚明的远房亲戚、负责姚明商业合同谈判的章明基,BDA公司市场主管、负责姚明广告代理谈判和媒体公关的比尔·桑德斯(Bill Saunders),芝加哥大学商学院副院长、姚明商业推广计划的制订者约翰·赫伊津哈(John Huizinga),处理中国市场的中方经纪人陆浩,以及金茂律师事务所合伙人王晓鹏。姚明很明白自己的强项和弱项,但他没有像李宁那样,充分弱化所有者权利,而是选择和他的管理团队一起管理公司,制订公司发展战略,如今,姚明的触角已经涉及职业篮球赛、地产、金融投资、音乐、IT等,如何保证面面俱到,是对团队的最大考验。从他的核心团队组成看,市场营销、企业管理方面的大脑占据大多数,这体现出了姚明在自我"推动"上的不断完善,努力打造智库团队以弥补自身的不足,同时时刻站在市场的前沿,做自己团队和产品最好的管理者和市场代言者。

邓亚萍、李宁、姚明等业界精英尚且需要在发展的道路上不断实现自我"推动",更何况我们营销管理者。一个优秀的销售员在商场经历拼杀取得优异业绩的时候,给他一个销售团队,他可能就会无所适从,或颐指气使,不可一世;或战战兢兢,疲于救火,毫无章法。这样的例子我们不是见少了,而是随处可见。

今天,许多人已经开始怀疑这种"爬不完的梯子"的游戏。他们中的一部分人把前辈视为彼得原理的"受害者",于是他们试着发现自己的生活方式,做个胜任的"爬梯者"。

不幸的是,大多数的人似乎并没有付诸提升自己的行动,完成自我"推动",而是乐此不疲地想方设法把自己挪到"彼得高地"上去。

本书旨在以独特的角度,聚焦于制造业,给各位营销管理人员架构一个清晰的、可操作的管理实战框架,以此来理清日常营销中复杂的管理对象和众多的数据指标,同时使自己通过不断学习,成为自我"推动"的营销职业经理人,从此摆脱"彼得高地"。

本书前面章节提到的管理概念和指标数据如果能系统地应用起来,形成独特的"销售质量管理体系"这样一个全新的理念,以产品质量管理的理念来管理现代制造业营销工作,就能使营销管理更科学、更信息化,数据指标结构更合理,以适应不断提升的工业"智造"要求,迎接工业4.0即将席卷而来的汹涌浪潮。